U0904605

国家出版基金项目
NATIONAL PUBLICATION FOUNDATION

三德范村

山东村落田野研究丛书

张士闪 李松 总主编

朱振华 著

山东人学出版社

《山东村落田野研究丛书》
编委会

总序

编纂一套山东村落田野调查方面的丛书，立意甚早。20多年来，以山东大学为核心的山东民俗学团队，每年都会安排多次村落田野调查活动，许多博士、硕士学位论文也以村落为田野点，注重对田野材料的挖掘与分析，紧贴乡土作实证研究，迄今竟有百村之数。学术论文的阅读群终归有限，将这些辛苦得来的第一手田野资料，以写实的手法呈现出一个个真实的村落世界，向社会提供一份可信的国情资料，一直是我们共同的心愿。

2016年夏，山东大学民俗学研究所与山东大学出版社共同策划、申报"山东村落田野研究"选题，并于2017年春被列入国家出版基金规划资助项目，夙愿终偿。我们从以山东村落为田野点的博士、硕士学位论文中遴选出20种，邀约作者遵循"深描村落生活，凸显村民主体，梳理乡土文脉，展现国情底色"的原则，进行改写或重写。为使这一原则不致落空，我们课题组密集举办三次小型研讨活动，达成如下共识：

首先，小中见大，述而见议。这套丛书所选村落虽然都在山东，但学术视野并不自我设限，讲究以小见大，寓学理于讲述之中，助推对于中国社会的深入理解。这需要作者秉持综合、开阔的学术眼光，既关注村落的历史脉络，涵括其驳杂的历史动态，又聚焦当今村民主体话语，反映村落的社会现实和未来走向。

其次，关注传承，着眼动态。在乡土社会发生剧变的当下，我们理应重新观察和思考作为人类最基本的生活共同体的村落，关注其自治传统的传承及组织机制，得出符合其自身历史实际和内在逻辑的阐释。村落描述，不应该成为乡村琐事的拼盘，也不是对于一个个村落凝固幻象的编织，甚至也

不应满足于立此存照式的一幅幅风俗画。我们深信，就在众多村落所呈现的异同之间，蕴含着中国基层社会的真正奥秘。

再次，村民本位，日常视角。坚持村落民俗志描述中的村民本位，摆脱那种将文人的文字传统视为“唯一性知识”的旧习，将村民日常使用更广泛的口述、物象、仪式等知识形式，放在至少是与文字同等的位置。我们深知，白纸黑字所代表的文字表达传统，仅仅是占社会总体人数很少的文人阶层所推重的一种特殊知识形式，而远非人类知识之全部。在乡村社会中尤其如此。将村落的历史、当下与未来贯穿起来的村民，在“过日子”中凝结而成的丰富知识形式，理应在村落民俗志中显现光彩。我们期望这套丛书出版后，不仅供学者研究、都市人阅读，还有村民愿看，甚至成为村落典藏。让乡土知识真正实现“从民众中来，到民众中去”，是我们最大的心愿。

新世纪以来，随着以全球化、都市化为特征的现代生活的迅速普及，乡土民俗的连续性、系统性、整体性已严重受损，曾作为中国社会主体的乡土村落正经历巨变。但无论如何，村落依然是中国传统文化的重要承载地，农民是绝不可轻忽的文化传承主体。当代学者的一项重要使命就是关注村落，将村落中的人、事、文化传统与生活现状等视为一个整体，通过深描村落社会运行的逻辑，阐释村民的生活世界及其赋予生活的意义之所在，并在此基础上对其组织形态、机制及变迁予以描述与推导，这对于理解中国乡村文化传承乃至整个中国社会大有裨益。我们深知：梳理中国村落的历史来路，叩问其从何而来；展示由形形色色民俗事象所构成的村落人文世界，理解现状与内在脉络；观察村落在现代化进程中的遭遇与新创，关注其向何处去——这应该成为村落研究介入当代中国社会发展、彰显乡村文化茁壮活力的基本向度。

一、中国村落研究传统

生于乡土，终老乡土，曾在漫长岁月中被绝大多数国民视若天经地义，这一社会事实本身即足以显示村落的意义。我们相信，“在村落中研究”（格尔兹语）的学术实践，在当今“世界史”“全球史”风起云涌之际，不仅没有过

时，而且不可或缺。毕竟，无论是重述“亚洲”，还是重述“世界”，我们仍要以乡土中国为立足点。

传统意义上的村落，自有其历史渊源与发育过程。村落社会的组织与运行，离不开稳定的民俗传统的传承。民俗传统既具有群体规约性质，又能为民众提供身份认同与人生意义，因而蕴含生机，常在常新。村落之为“问题”，乃是19世纪末20世纪初，一批知识分子基于晚清社会之变局“眼光向下”的产物：一方面，受西方入侵影响，新的生产方式与经济结构已日益内嵌于中国基层社会，传统时代城乡互动的社会运行模式被打破，作为中国乡土社会基本单元的村落日渐萎缩，成为当时中国社会整体发展失衡状况的表征之一；另一方面，以“西学东渐”为背景而形成的革命性、现代性强势话语，逐渐渗入乡土社会，持续改写着村落发展的内在逻辑，造成了民间自治传统的失衡或断裂。[①] 以此为背景，乡土社会成为当时知识精英普遍关注与“拯救”的对象，村落则成为中国现代学术研究的重要单元。

诚然，学术活动不能没有研究单元的设计。20世纪上半叶，以费孝通、林耀华等为代表的中国学者，就注意选择村落或村寨为研究单元，并在其学术生涯中长期坚持，认为村落既是便利研究者做全面了解的较小的社会单位，又是反映人们社会生活的比较完整的切片。[②] 其中奥秘，恰如英国人类学家布朗所强调的，对于一个村庄进行细致入微的研究的意义在于——既要看到村落社区生活的某一个方面在整体的社会生活中的功能，也要看到这个村落本身的组成结构。[③] 钟敬文在1983年中国民俗学会成立的讲话中，将“搞民俗学当然着重在广大农村”当作不言而喻的前提[④]，后又在不同场合多次表述，获得了国内民俗学界的广泛响应，乃至成为经典范式。20世纪90年代初，刘铁梁从民俗传承生活空间的角度，论述了村落作为基本研究

① 参见张士闪：《“顺水推舟”：当代中国新型城镇化建设不应忘却乡土本位》，载《民俗研究》2014年第1期。

② 参见费孝通：《江村经济——中国农民的生活》，商务印书馆2001年版，第24页。

③ 转引自赵旭东：《权力与公正——乡土社会的纠纷解决与权威多元》，天津古籍出版社2003年版，第10页。

④ 参见钟敬文：《民俗学的历史问题和今后的工作》，载《钟敬文自选集》，首都师范大学出版社2008年版，第409页。

单位的意义，明确了村落研究在民俗学学科中的理论地位。[①] 时至今日，以村落为单元进行研究的学者仍为数众多，跨越民俗学、人类学、社会学、历史学、民族学、艺术学等学科。诚然，在国土广袤的中国，无论从事怎样的课题研究，从相对自成体系而又较小的村落生活共同体入手，自有其合理性，而且有望产生深厚的学术理论意义。更何况，村落研究还被赋予认知历史、立足当下、面向未来的重要使命。村落形态尽管一直处于或微或巨的变化之中，但它所塑造的文化模式与传统，在可预见的未来中国仍具重要价值，乃是不争的事实。

但与此同时，对于以村落为研究单元的批评一直不绝于耳。美国学者施坚雅的批评可谓尖锐："研究中国社会的人类学著作，由于几乎把注意力完全集中于村庄，除了很少的例外，都歪曲了农村社会结构的实际。如果可以说农民是生活在一个自给自足的社会中，那么这个社会不是村庄而是基层市场社区。"[②]在施坚雅的"市场圈"理论之后，又陆续出现了祭祀圈、婚姻圈、联村组织等研究范式，对村落研究模式予以拓展，努力将村落单元置于更大范围的区域社会脉络中予以理解。毕竟，村落社会并非村民的简单集合，村民生活也并非只与村落有关。自古及今，村民与村外世界联系的普遍性是无可置疑的。[③]

围绕村落作为研究单元的种种争论，有相当多的误解在内。比如：对于村落生活共同体的基本理解，是被动、静态，还是动态、开放？争论双方其实是基于不同的预设。村落研究，如果将村落理解为动态、开放的社区，就应该成为从村落出发的研究，以小见大地拓展个案研究的价值，而那种从较大区域展开的研究，如果将村落理解为被动、静态的社区，也不见得就一定贴

① 参见刘铁梁：《村落——民俗传承的生活空间》，载《北京师范大学学报（社会科学版）》1996年第6期。最近，他对此作了更明确的表述："村落被民俗学者视为田野调查的最佳场域，也是最基本的空间单位……民俗学把村落作为一个整体的小社会进行观察和分析。在村落中观察到的民俗文化事象，具有时空的限制意义。"（刘铁梁：《"深描"中国村落文化变迁》，载2017年7月10日《中国社会科学报》）

② ［美］施坚雅（G. William Skinner）：《中国农村的市场和社会结构》，史建云、徐秀丽译，中国社会科学出版社1998年版，第40页。

③ 即使在前现代化时期，村落本身也不可能像老子所说的"鸡犬之声相闻，民至老死不相往来"，如多村共用一庙、信仰仪式的村落轮值等。当代学界热衷于以"古村落""传统村落"等为研究对象，频繁使用"原生态""原汁原味""本真性"等概念，其实都是以将封闭自足视作村落的"典型"状态为预设的。

近了“农村社会结构的实际”。其中的关键，是对于乡村社区与村民主体之间互动关系的理解，而不在于所选择的研究单元的大与小。即便是规模不大的村落，毕竟也是民众多种力量共存的、活态的生活共同体。其实，在中国乡土社会研究中，真正让人遗憾的是对于村民主体性的轻忽或漠视，这是在上述研究模式中一直未能得到根本改变的死角。

二、村落研究，应聚焦民众主体

绝大多数的村落研究，往往将民众的文化笼统地归于“民俗”，似乎民众的文化生命是以“民俗传承”来丈量或维系的。厘清民众与民俗的关系，将有助于拨开笼罩在村落研究中的多重迷雾。民俗，究竟是民众自发的文化创造，还是基于“一二人倡之，千百人和之”的精英引领，抑或不过是国家大一统进程中“礼化为俗”的结果？细究之，上述三种观点虽都不免以偏概全，却也都道出了民俗的某一要义。若将三者统观，庶有助于对“民俗”乃至村落的理解。

首先，民俗的本质是民众主体的文化创造，自无可置疑。民俗传统，即民众在长期生活实践中，以约定俗成的方式促使某种价值规范发生从世俗到超验的升华过程。值得注意的是，这一升华过程绝不是一朝一夕所能成就，也并非一成不变，而是在民众生活共同体内部始终蕴含着多变的可能，呈现出活态性质。同时，再有力的国家行政运作，也无法随意篡改民俗传统或改变村落社会的民众主体性质。近年来对于当代村落的近距离观察，使我们更加确信：在当下新型城镇化的浪潮中，民俗传统不仅没有遁隐，而且变得更富弹性与多元。时至今日，某些村落的发展轨迹时显诡异，其“突然终结”与“奇迹再生”之现象让人大感迷惑。究其实，民众力量在社会剧变中的屈抑与释放当是理解这一现象的重要维度。

其次，自古以来，民俗的形成与发展均离不开知识精英的引领作用。我们在田野作业中发现，很多民俗传统一开始是作为事件应激之文化反应而出现的，如村落形成之初的生存所需、灾乱年头的秩序维持、太平时期的发展机遇捕捉等。这种因应激而形成的文化反应，不会随着事件的完结而迅即消失，而是沉淀、扩散到地方生活中，形成社会经验，此后又会在后发的事

件应激中被运用，最终磨合成一种社会行为模式。在应激事件、应激性文化反应与社会行为模式的互动过程中，离不开少数文化精英的有意识运作，并最终使之沉淀为乡土民俗。恰如“民俗”之作为现代学术概念，也是伴随着现代城市化的发展进程而为知识精英所发明并设置意义的。正像铃木正崇所说：“直到近代，‘民俗’与‘传统’在消灭和生成的间隙中得以发现。”[①]不过，少数知识精英的引领作用，从来是与其“适于时而合于势”的行为选择密切相关的。兹以地方志书中的灾荒记录为例予以简单说明。地方志书中总是凸显地方精英的非凡作用，比如为减税急赈而为民请命、订约立碑以控制社会秩序等，而将一方民众作为背景因素，至多以“民不聊生”“饥民四起”等语大略言之。这显然并非社会事实。实际上，精英的行为往往是受地方社会情势所激，其对于当时国家政治态势的估测，与对于地方民众心理的揣度，为其行为选择提供了关键性依据。但作为地方社会情势重要构成因素的民众，却在地方志书中被大大忽视了。

再次，中国很早以来就已形成所谓的“礼俗社会”，传统中国作为一个复杂社会系统，在民间生活与国家政治之间有着复杂而深厚的同生共存关系。纵观一部中华文明传承发展史，国家意识形态经常借助对民俗活动的渗透而在乡村生活中贯彻落实，形成“礼”向“俗”落实、“俗”又涵养“礼”的礼俗互动的政治框架。礼俗互动，既包括民众向国家寻求文化认同并阐释自身生活，也体现为国家向民众提供认同符号与归属路径。换言之，借助民俗文化的生机跃动，民间社会始终发挥着对于主流文化的葆育能力。以此为基础，在中国社会悠久历史进程中的“礼俗互动”，就起到了维系“国家大一统”与地方社会发展之间平衡的作用。[②] 国家政治与民间自治之间的互动关系，不仅形塑着社会组织的基本形式，也由此产生了社会生活层面的文化交织现象：“国家对村落的政治干预与民间自治之间有长期互动的历史，结果是形成了今天（家族村落）聚落联合体的基本组织形式。”[③]以此理解中国大地上的众多村落，庶有较通观的眼光。

---

① ［日］铃木正崇：《日本民俗学的现状与课题》，赵晖译，载王晓葵、何彬编：《现代日本民俗学的理论与方法》，学苑出版社2010年版，第3页。

② 参见张士闪：《礼俗互动与中国社会研究》，载《民俗研究》2016年第6期。

③ 刘铁梁：《传统乡村社会中家庭的权益与地位——黄浦江沿岸村落民俗的调查》，载《北京师范大学学报（社会科学版）》2001年第6期。

三、村民口述的意义

走进村落，不仅要关注“民生”，而且要体察“民心”，感受民众生活史与心态史的双重意义。面对民众的生活与文化，传统的学术工具似乎不那么灵光了。

比如，我们在村落调查中，经常有各种各样的困惑。为什么历史上的某一事件，会频繁地被村民表述，还被表述者加上了许多的发明和创造？不仅如此，看起来离“真相”越来越远的表述，反倒经常成为后人的话题中心，并在现世生活的裹挟下发生效用，而事件本身（即所谓“真相”）倒不见得重要了。还有，为什么是历史上的这一事件而不是另一事件，频繁地被这一地方而不是另一地方的人不断关注，并“折腾”出了这样的而不是别样的传统？有果必有因，有事必有人，民间自有其文化选择与传承的机制——没有关注，就不会有表述；没有关注和表述，就不会有传统的发明和创造。

显然，前者关注的是一种文化传承的线性历史，后者则关注其内在结构逻辑，耶鲁大学教授萧凤霞试图以“结构过程”①涵括二者。要想真正地解惑答疑，就必须在具体的区域社会空间中将二者结合起来，关注某一传统从过去到现在的建构过程与多元指向，并特别聚焦其主体表述。这一研究模式的策略是，一种传统在不同时代留下的表述有或微或巨之别，而就在种种表述的同异之中，蕴含着区域社会发展的历史脉络与内在逻辑。因此，我们的工作首先是挖掘各种表述，然后在各种表述之间寻找关联，总结民间叙事的特征，并在此基础上还原“社会事实”，建构逻辑关系。鉴于历史上官方、知识精英与民众的互动情形驳杂不一，我们今天所见的“传统”基本上都已经历过无数次改写，只是我们难以知情罢了，因此必须保持足够的警觉。这也意味着，我们在关注传统的线性历史脉络的同时，要特别关注地方社会中人的创造能力及创造逻辑。

用这样的眼光看，民间口述材料中所谓的“随意性”，不但不应是拒绝采信的理由，反倒要视为民间叙事乃至地方生活的应有特征，为我们解读历史

① 萧凤霞：《廿载华南研究之旅》，载《清华社会学评论》2001年第1期。

提供了一种相对稳实可靠的地方逻辑。一个人(当然也包括多人)对于同一事件的不同表述,既可以是基于生活状态与交流情境不同而形成的差异,也可能是他对事件表述的不同侧面的选择,还可能是他自身"觉昨非而今是"而有所改变的结果。叙事者,既是能动的个体,又会受到国家历史进程与地方社会发展格局的影响。更重要的是,国家历史进程与地方社会发展并不是作为人类个体活动的静态背景而存在的,而是通过无数个体的能动性活动才得以实现的。个体与群体的叙事及其他行为,对于地方社会发展与国家历史进程的推动作用,至今尚难以准确估测,但在它们之间存在着至为复杂的关联与互动关系,则毫无疑问。因此,民间叙事基于村落生活而呈现出的所谓"随意性",不但不是田野研究的绊脚石,反倒蕴含着学术进步的契机,因为这是理解村民的历史观、价值观的必由之径。

村落中的民间叙事,还会努力保持与地方志、族谱、文人著述等文字传统的一致性。比如,它们都倾向于将本地区的历史与文明传统演绎得悠久古老,竭力与上古圣贤、神灵怪异建立关联,以贴近"人杰地灵"的叙事逻辑。显然,地方社会一直在不断地重新定义和建构自身传统的神圣与伟大,只不过官方和文人的叙事多以县境为单元,村民则多以村境为指向,官民之间经常发生的"文化合谋"即在此背景下展开。这与现代婚礼上对于恋人"缘分"的演绎,电视选秀者对其生平际遇的"赋值"等现象,如出一辙。其中的关键是如何建构叙事的合理性,以感染受众,并挟以自重。由此可知,执着于对民间叙事证实或辨伪的学者,既难以理解历史,也不能洞悉民众智慧。

村落研究,是不能不将历史学与民俗学、人类学的研究方法加以综合运用的。就村落史研究的学科传统而言,历史学追求历史真相,其研究注重证实或辨伪,而民俗学、人类学则关注民众如何记忆历史,以及为什么这样记忆历史。村民的历史记忆可以是虚构的、附会的、可改变的,因为它指向的是意义。比如,在山东各地的移民传说中,潍水以西大都说是来自山西洪洞大槐树(有的强调是由河北枣强中转而来),潍水以东的胶东半岛则普遍流传着"小云南移民"的说法。虽然众口一词言之凿凿,但在历史上不可能村村如此。然而,人们还是将传说演绎为一种显赫话语,争相讲述、争论与传播。在争来说去之间,这一传说就被广阔地域的人们演绎为一种有意义的历史记忆,衍生出文化认同、精神安顿等现实意义。克拉克认为:"人类学者

一向比社会学者和历史学者对于历史意义的重要性更为敏感。和'什么事实际上发生过'同样重要的，是'人们以为发生过什么样的事'，以及他们视它有多么重要的。"[①]真正的村落研究，不仅是在为包括历史学在内的多种学科提供民众口述资料，其实还有更为重大的使命，就是挖掘和呈现民众生活实践中的文化创造及其价值建构。遗憾的是，后者至今仍为包括民俗学者在内的众多学人所轻忽。

四、以学者与村民合作的民俗志书写方式，推进当代村落研究

近年来学界劲吹"田野风"，进入村落成为时尚。特别是有老建筑遗存的古村，学人更是纷至沓来。热衷于进村者，并非都出于对村落价值的珍视与对村落发展的关怀，但对村落的影响却是强大而持续的。在这一切的背后，是国家战略聚焦乡村，社会资本涌入乡村，乡村成为当代社会的"宝地"。

历史告诉我们，乡村社会的良好发展是国家长治久安的基础。不过，在此时此刻，如下追问也许并非多余：我们真正了解我们匆遽进入的乡村吗？我们所理解的、要保护的乡村文化生态是自然真实且可持续的吗？我们的意愿也是生于斯长于斯的众多父老乡亲的愿望吗？这方水土会因我们的进入而更加美好吗？须知，在"现代化发展"这一庞然大物面前，乡村自然与人文生态系统是何等脆弱，而乡村所积淀的传统智慧对于人类未来发展则弥足珍贵，任何人、任何力量都无权损之毁之。广阔的农村天地首先需要被准确认知，然后才有可能"大有作为"。面对村落，如何才能更好地认知、更深入地理解与更准确地描述呢？

就本套丛书的众多作者而论，虽然早先在博士、硕士学位论文的写作过程中，已对村落有相当了解，但受到学位论文写作时间的限制与研究能力的制约，其村落民俗志描述少有村民的内部视角。我们期望在这套丛书的写作中，通过学者与村民的深度合作，尽量多地呈现二者的不同视角，尽

① [美]克拉克(Samuel Clark)：《历史人类学、历史社会学与近代欧洲的形成》，贾士蘅译，载[加]玛丽莲・西佛曼、P. H. 格里福编：《走进历史田野——历史人类学的爱尔兰史个案研究》，(台北)麦田出版股份有限公司 1999 年版，第 386 页。

量多地留存鲜活的乡土气息。

1. 对于村民的内部知识，不妄加评论，而采用现象描述的方式，呈现真实的民众心态。

初入田野者，最常见的毛病便是盲从自己的知识“先见”，乍见村落种种现象，就匆匆忙忙做类型区分和价值判断。比如，对于村民信仰活动，或要评判是否迷信，或要区分是道教还是佛教。这样的知识“先见”，其实是基于对中国社会的肤浅理解。看似荒诞不经的言行，往往背后蕴含着民众的真实心态，是解读村落心史的难得资料。本套丛书中《胡集村》一书的作者王加华，曾携初稿进村交流。村民以当地说书前惯用的几段开场白①为证据，坚持认为本村起源于春秋时期，已有2000多年历史。这一说法无疑是非历史的，却正反映了村民希望将本村历史拉长与神圣化的真实心态。作者最终定稿时，对此就没有予以简单地抹杀或揶揄，而是在列举地方志书中的“明初立村说”之后，呈现村民的“春秋立村说”及其依据，同时保留村民的其他说法，这无疑是确当的。

当然，在学者与村民的交流中，也会有村民揣摩学者意图而对村落内部知识加以改装，往学者这边贴靠。这既与现实生活中学者话语的强势地位有关，也表现出村民对外来话语（包括学者）的利用心态，后者尤其值得注意。一些有见识的村民，一旦察觉到学者话语有助于所在村落的“增值”，往往就会抛弃己见，欣然赞同学者的说法，甚至热心地帮助寻找证据。虽然这也是村落知识增长的一种方式，但目前却还处于不稳定状态，需要将之与村落中比较稳定的知识范畴相比照，否则，我们对村落的理解就不免浮光掠影。

2. 丛书最后特设专章“村里的人　村里的事”，附录“重要民俗资料提供者简介”与村民所用文献，以凸显村民的主体叙事视角。

“村里的人　村里的事”专章的设计，意在以词条单列的方式，突破传统村落民俗志书写的静态幻象，在以事带人的生动描述中展现村落中的特

① 胡集书会汇聚南北说书人，常用的开场白有：“道德三皇五帝，功名夏后商周，五霸七雄闹春秋，顷刻兴亡过手。”“孔夫子周游列国，子路沿门教化。柳敬亭舌战群贼，苏季子说合天下。周姬佗传流后世，古今学演教化。”“扇子一把抡枪刺棒，周庄王指点于侠。三臣五亮共一家，万朵桃花一树生下。何必左携右搭。”

色文化。要想做到这一点并不容易。如张士闪和张帅在完成《洼子村》一书初稿后，曾专门回村细读给7位老人听，在热烈的讨论交流中，重新审视或矫正书中的原有观点。有村民尖锐地提出，原书稿过于突出巫婆神汉、善人及其信仰活动[①]，应该为本村烈士、支前英雄"树碑立传"，突出"教师村"的形象，并提供了相关资料。我们据此进行调整，新增"教师村""红色记忆"两个词条，与原有的"公事总理""礼仪人家""善人"等并置相映，就明显合理多了。这一修改书稿的过程，其实是学者与村民的两种叙事风格的并置与互动的过程，由此形成的村落民俗志自然会较前丰厚许多。

重要的民俗资料提供者，通常属于村民心目中"会看事""会办事""会说话"的人，经常代表村民向外人表述"村落文化"，其话语当然也会经过其自身的选择、加工而具有个人色彩。我们需要进一步观察，大多数村民会认同他作为村落文化代言人的角色吗？不善于对外人表述的大多数村民，如何评价他的话语？学者的到访，是促成了村民对其话语的接受还是相反？这些都需要格外留心。书后所附"重要民俗资料提供者简介"，意在呈现其个人基本信息，供读者进一步了解与思考。

书后所附的村民文献，与学者所撰写的正文文本形成有趣对比。学者与村民之间，注意点不同，知识储备、思想局限有别，而对村民村事的价值预设也差异明显。比如，围绕同一个村落的民俗志表达，学者所感兴趣的是如何呈现其所理解的"村落"，往往是看了地方志、地图、家谱、碑记等以后，再去跟村民交流，有时候还会事先阅读相关论著。当今学者还会特别看重祠堂、庙宇、信仰仪式、巫婆神汉等，认为这代表了地方文化生态的完整性。对于村民而言，村落则是他们身在其中、终身归属的"家园"。曾记得在2002年，洼子村的几位村落精英接受村委会布置的一项任务，要向外来民俗专家介绍村落文化，他们将之分解成"村志""民俗概况""文化教育概览"三部分，分别撰文描述。显然，他们将"村落文化"理解为历史、民俗与"高层"文化（并视为本村的特色文化）等三大层面，这一分类颇有见地，对于我们今天理解村落及民众心态仍具启发性。

长久以来，中国乡村社会经过反复的礼俗教化，形成了基于农耕经济

① 张笃杰："看了这书，外人还以为洼子村就知道整天烧香拜佛呢！"张笃杰，山东省淄博市淄川区罗村镇洼子村人，长期担任中小学教师、校长，现退休在家。

的社区共享传统，它以乡村公共利益的高度共享来实现乡土社会秩序的长期稳定，以社区节庆、生活礼仪、生产互助、乡规民约、信仰仪式等民俗传统为传承载体，构建起中华文明绵延不断的社会基础，也是支撑当代中国乡村可持续发展的重要文化资源。当代学者应服务当下中国社会发展的现实需求，扎根村落，深入传统，以此为基础提炼研究方法与理论，建构田野研究的中国话语。我们这套丛书愿意在这一学术方向上进行尝试，抛砖引玉。

最后还要说明的是，这套丛书写作时间正值暑期，尽管各位作者都有博士、硕士学位论文的研究基础，但因丛书定位所强调的视角转换，需要大量的补充调查，有的干脆是返工重做。今夏大热，感谢各位作者不避酷暑，按时完成撰写任务。因时间匆遽，本套丛书不尽如人意之处，敬请读者诸君批评指正。

张士闪

2017 年 8 月 31 日

前言

鲁中地区是传统意义上山东省政治、经济、文化的核心区。如果将山东省域地图四角对折，它的几何中心大致在鲁中地区的济南南与莱芜北的交界处。

在这里，泰沂山脉面向华北平原形成了一个喇叭状的开口，三德范村就坐落在喇叭嘴的地方。它毗邻山东省省会济南市市区，隶属济南市章丘区文祖街道。从三德范村出发，往北走是地势舒缓的平原，往南走则是渐趋陡峭的泰沂山脉——如果是春秋战国时期，人们赶着骡马南行，不一会儿就会到达齐长城锦阳关，紧走几步便从齐国跨到鲁国去了。

大概在很多读者的想象中，鲁中山乡的典型景观应该是这样的——满目青山，松柏葱葱，羊肠山道蜿蜒而上，山坡上下错落有致地散居着一户户农家。此外，整个村落的建筑主体都用石头砌筑而成。圩门、房屋、石板路、古碑和老井触目可见，花椒树、核桃树、柿子树下拴着牛马。太阳落山后，几处炊烟袅袅，两声斑鸠啼鸣……外来者恍若置身桃花源，忘却凡间事。

2014 年底，我第一次走进三德范村，除了明清时期兴建的玄帝阁、人和门、太平街等历史遗迹让人感慨，不远处的锦屏山青翠如黛、古意盎然之外，一幅现代小城镇的图景闯入眼帘：村内的柏油马路干净笔直，“锁皮屋”“二层楼”鳞次栉比，电瓶车、摩托车、小汽车从玄帝阁下络绎而过，超市、信用社、银行网点、邮局、学校等等更是错落有致。年轻的妇女们打扮得都很时髦。除了河道两侧高处的道路有些蜿蜒，田地与田地、道路与道路、房屋与房屋之间落差稍大以外，这种充满了现代气息的生活环境，已经很难让

人感觉到有什么可以跟“传统”沾边的地方。事实上，三德范村的确已不是传统意义上的农村，它的这种富有小城镇气息的村落生活几乎可以说是代表了当今鲁中农村生活的普遍模式。但问题是，谁又能说这种现代化的村落生活没有在文化或礼仪上赓续传统呢？

与其他鲁中村落的不同之处在于，除了庄大姓多，三德范村还被认为是个“各方面能人都很多的文化村”。就连一向乐于调侃三德范村的文祖、大寨等周边村落的乡民都承认这一事实。除了最受青睐的书法创作以外，三德范的根雕、奇石、葫芦雕刻、泥塑、木雕、石雕等，从制作到赏玩、交流，也都人才济济，很成气象。

其实，外人对三德范产生“文化村”的印象，还是在真正地走进村落日常生活之后。过去两年间，我在走街串巷，同渐渐熟识的村民们拉呱时发现，除了部分老人仍留居老宅祖屋以外，大部分村民都已经住进了 20 世纪 80 年代后新建的现代气息很浓的“锁皮屋”或“二层楼”中。村民们的住宅基本都是坐北朝南，老屋大多保持着旧时风貌，新建住宅则从建筑风格到内部装饰都尽量向现代化靠拢，结婚前后的新宅装修往往还十分考究。此外，无论新居还是老宅，大部分家庭都会在院子或客厅里种养三五种花草。像文竹、常春藤、豆瓣绿、散尾葵、吊兰、滴水观音、兰草等，都是常见的绿植品种。这在一个缺水的村庄，凸显了一种乐观而又富有情趣的生活态度。

值得特别强调的是，三德范村是“山东省首批传统村落”，同时也是山东省首批“乡村记忆”工程示范单位。2016 年下半年，三德范村被住建部评定为“国家级传统村落”，被住建部、国家旅游局共同评定为“历史文化名村”。此外，三德范村还是国家级非物质文化遗产“章丘芯子”的传承地，其辖管的锦屏山被认定为“国家级森林公园”。2015 年，央视纪录频道大型人文专题纪录片《记住乡愁》，也曾将三德范村作为主要拍摄地之一……

平心而论，若以人文景观或者历史遗迹的多寡为标准去评判“传统村落”，三德范村比起南方的两广、云贵、闽浙，北方的山西、陕西、河北等地那些古建筑遗存丰富的村寨来恐怕要逊色不少。但我仍旧愿意把三德范村作为所有历史文化名村或“传统村落”的典范。这是因为，在这片无数先民耕耘过的土地上，乡村生长、培育、绵延的本质和精神仍然以礼俗互动、水乳交融的历史序列感、生活感延续着。在三德范人那里，“家”就是居住、劳作的

这片土地，生活就蕴藏在柴米油盐、吃喝玩乐、婚丧嫁娶、礼尚往来的“日子”里。尽管住宅变迁、服饰变换、器具更新，但三德范人的精神气质、礼仪文化、生活态度以及大致相同的心理特质无不以“最大公约数”的村落个性接续下来，醇厚绵长，历久而弥新。而这些，难道不是中国人精神世界里所谓的“家园”“故乡”“乡愁”最本质、最核心的东西吗?!

由此，在我看来，只要有乡民们这些生命个体的劳作和生活，任何一个村落都是值得大书特书的。只不过在众多村落之间，三德范这个面积达14.3平方千米、人口众多的村庄多少有些卓尔不群。在这本乡土民俗志中，我愿意以崇敬的姿态去审视、仰望这座村庄及其历史所层累而起的高度。与此同时，我也愿意以温情脉脉的目光，从村民们生活故事的视角去找寻、触碰并感受这个超级村落的厚度与温度。

朱振华

2017 年 6 月

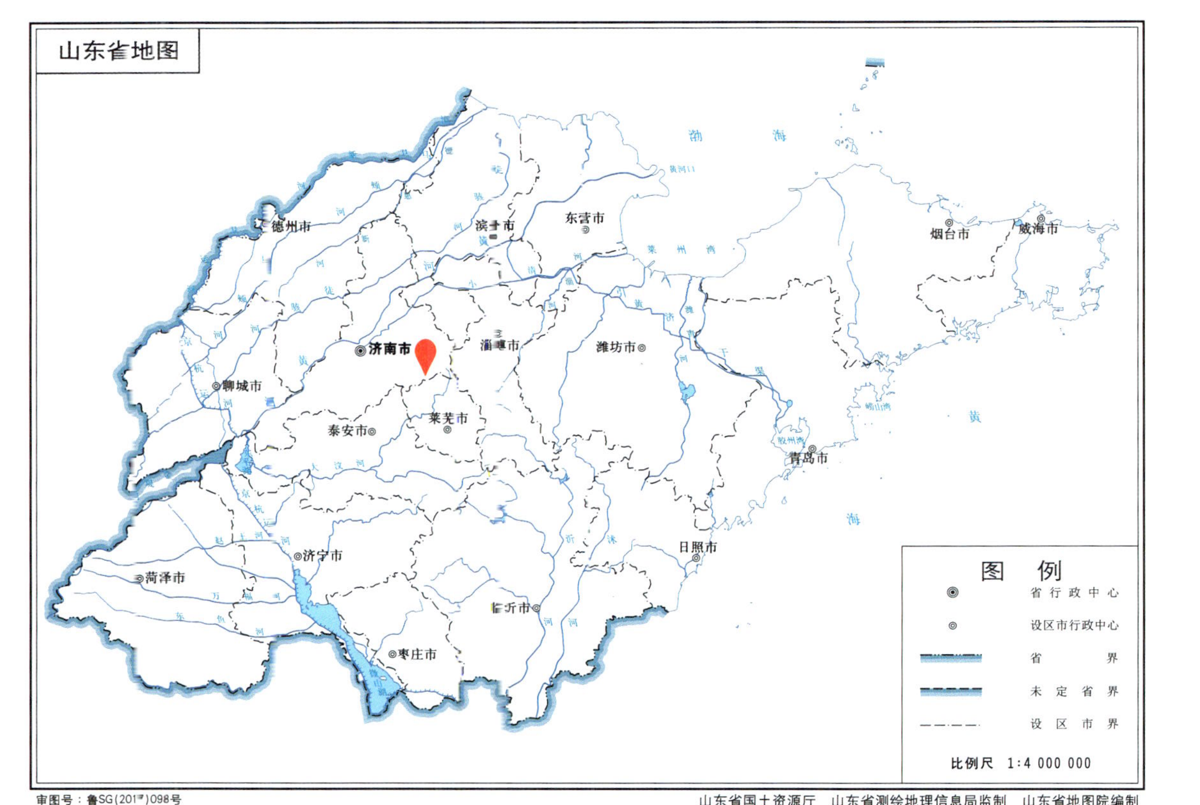

三德范村地理位置示意图

目录

第一章
齐长城下“第一村”

在章丘地区，20 世纪 30 年代以来，由于不断增长的人口数量和广袤的村域面积，三德范村一直是政府和民间公认的“第一大村”。20 世纪 90 年代末，在附近的大寨村、青野村分别以运输业、建筑业崛起之前，三德范村是章丘南部首屈一指的“富裕村”“文化村”。除经济和人口优势之外，三德范村“扮玩”活动的代表性表演形式“芯子”更被评为“国家级非物质文化遗产”。近年来，这个村落还先后获得省级、国家级“传统村落”“历史文化名村”等荣誉称号。总之，用老百姓的话来总结，那就是“俺们三德范是上过中央电视台的古村、名村”。

一、“七百骡子八百驴”

三德范，历史上又曾称作“三霰坂”“三队反”“三坠反”“三推饭”。三德范村是一个总面积达 14.3 平方千米，辖管一座大山（锦屏山），有王、张、冯、单、赵、姜、刘等 20 多个主要姓氏，常住人口超过 6000 人的大自然村。整个村庄地势南高北低。东、西、南三面环山，山地、丘陵是村庄主要的地形地貌。三

德范所隶属的文祖镇①则位于章丘南部，与莱芜接壤。此外，隶属于三德范的海拔约 563.5 米的锦屏山，是章丘南部海拔最高的山体。

远眺三德范

从文祖镇往东越过九顶山、胡山是官庄镇，往西南越过锦屏山是垛庄镇，西北部连接着曾经煤矿产业发达的埠村镇，往北不远则是双山镇。文祖镇境域的南部属于鲁中丘陵，西北部是鲁北平原的边缘，整个地势南高北低，属山区丘陵地带。三德范就处在山地、丘陵与平原交错的过渡地带。文祖镇境内的大部分地区水资源十分匮乏，地下水平均深度达 200 米。全镇 27 个自然村，普遍存在着缺水问题。当然，也有个别村庄，如东张、朱公泉、大寨等，因山坡堆积和植被繁茂，山泉多，生活饮水问题不大。但多泉水的村落可耕地却相对贫瘠。

一直到今天，如果需要“进城办事”，村民们都要在村北的公交站(废弃的村办企业“机械厂”附近)候车。转乘一两次公交车后，在 2 小时左右的时间里就可以到达省会济南的任意地点。不过，比起济南，三德范村的村民更愿意乘车到村落正北方约 15 公里的老县城所在地明水去办事。

根据大部分村民的生活经验，公共交通的明显改善和消费水平的普遍提高不过才十几年，所以 20 世纪 90 年代以前所谓的“进城办事”也主要是“看大病”或“买大件”。老一辈村民的活动范围一般不超过村子周围 15 公里。有趣的是，无论是集市、超市、饭店，还是诊所、药店、信用社、银行，甚至

① 注：文祖、官庄、双山等原为乡镇建制，2015 年前后陆续改为街道。本书为叙述方便，多沿用旧称。

幼儿园、小学、初中，在三德范村几乎一应俱全。因此，这个镶嵌在山谷和田野之间，远望并不出奇的村落多少带着些自给自足的“大户人家”气派。如果必须远行，村民们选择的方向一般是正北。这是因为村落的东、西两侧都是山地，而往南穿过青野、黑峪、大寨等村，会进入莱芜市雪野镇。雪野镇和三德范所在的文祖镇虽然相隔不远，但是分属于莱芜和济南两个不同的地市。两镇在水土、物产、方言、习俗等方面都有明显的差异，因此除了些许商业性的活动，一岭之隔的两地群众很少往来。

三德范人有句俗语：“七百骡子八百驴，还有三百闲赶集。”它描绘了村落中心位置曾经作为“官道”和“齐鲁古道”的“大街”昔日熙熙攘攘、南北商贸往来频繁的热闹场景。据说，从明朝开始，由于交通地理位置重要，三德范的商贸活动日益发达。到了 20 世纪初，特别是章丘地区煤炭开采业发达的时候，三德范因为自身是重要的煤炭产地而一跃成为交通重镇。

民国时期的历史档案记载：在当时，章丘县城“接近省垣，为鲁东赴省之要道。胶济铁路横贯东西，黄河、小清河经流县境。西北可通舟楫，汽车路沿黄河南岸通行。济武汽车路自胶济铁路枣园站、辛家寨纵行。南北所有县镇道路均已修筑完竣，省有道路均已修筑完竣，省有电话及县有电话均已架设成功”①。三德范村北临胶济铁路，西靠省会济南，东临商贸重地博山，南接战略要地莱芜，交通、区位优势是带动其发展的关键因素。

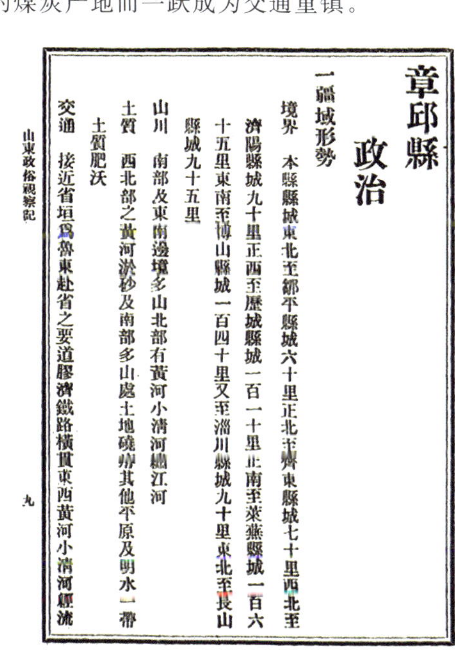
章邱縣

政治

一 疆域形勢

境界 本縣縣城東北至鄒平縣城六十里正北至齊東縣城七十里西北至濟陽縣城九十里正西至歷城縣城一百一十里正南至萊蕪縣城一百六十五里東南至博山縣城一百四十里又至淄川縣城九十里東北至長山縣城九十五里

山川 南部及東南邊境多山北部有黃河小清河繡江河

土質 西北部之黃河淤砂及南部多山處土地磽瘠其他平原及明水一帶土質肥沃

交通 接近省垣爲魯東赴省之要道膠濟鐵路橫貫東西黃河小清河經流

山東政俗視察記 九

《山东政俗视察记》之章丘县况

据《三德范庄志》记载，1949

① 张育曾、刘敬之编：《山东政俗视察记·章丘》(上)，山东印刷局，1934 年，第 10 页。

年中华人民共和国成立时，三德范村人口户数为 970 户，人口总数为 3870 人。[①] 当时，整个村庄还被包围在清同治年间为抵御“捻军”、土匪而修建的“圩墙”之内。村内的“大街”是联结村落与外部世界的主要道路，“十条巷道”和一些支脉小路则是村民之间彼此联通的廊道。因为大部分时间缺水，村中央的巴漏河河床经常裸露，两岸的村民可以穿河过往。在很长一段时间内，玄帝阁下枯干的巴漏河河床成了村民集会的主要场所，很多老人都有在巴漏河河床上听戏、看电影、开会的经历。

“七百骡子八百驴，还有三百闲赶集”，这是三德范人对远去的商贸传统最深情的记忆。《三德范旅游手册》这样介绍“大街”：

> 大街是穿越玄帝阁贯穿南北的千年古道。这条古道南穿锦阳关到达泰安府、兖州府，北越三德范直通章丘县衙。至明清时期，连接莱芜、曲阜，以及历城、淄博的枢纽仍是这条道路。旧时大街是文祖地区的政治、经济、文化中心，道路两侧酒肆、药铺、钱庄、当铺、车马店林立，是齐长城沿线的重要驿站和咽喉要道。历代行政机构多曾设此街内，部分延续至今。今天，从庄内太平门到东道巷、西道巷分野，仍可看出它曾指向济南府、青州府以及章丘县城的古道气象。

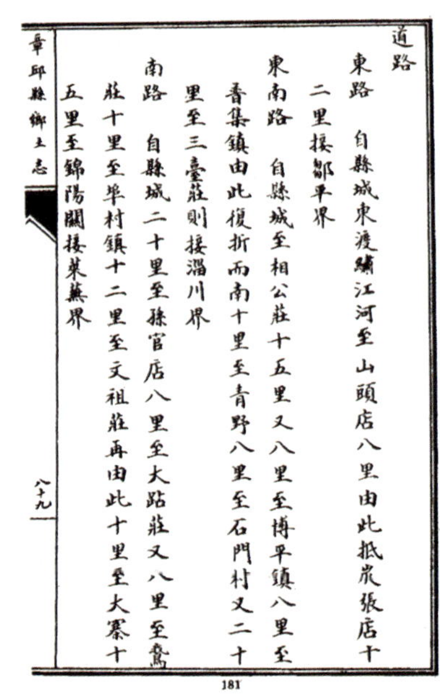

道路

東路　自縣城東渡繡江河至山頭店八里由此抵炭張店十二里接鄒平界

東南路　自縣城至相公莊十五里又八里至博平鎮八里至香集鎮由此復折而南十里至青野八里至石門村又二十里至三臺莊則接淄川界

南路　自縣城二十里至孫官店八里至大站莊又八里至鳶莊十里至芈村鎮十二里至文祖莊再由此十里至大寨十五里至錦陽關接萊蕪界

章邱縣鄉土志　八十九

181

清光绪《章丘县乡土志·道路》

事实上，对比清朝中叶的《章丘县志》，虽然我们很难还原这条“官道”有多少繁华的街景，但三德范村处于鲁中地区南北通行要道的地位还是基本可以确认的。清光绪《章丘县乡土志·道路》则这样描述这条道路：

> 南路：自县城二十里至孙

① 参见张福经主编：《三德范庄志》，中国文化出版社 2006 年版，第 49 页。

官店，八里至大跕庄，又八里至鹅庄，十里至埠村镇，十二里至文祖镇，再由此十里至大寨，十五里至锦阳关接莱芜界。[①]

对比今天的电子地图，清代地方志对道路里程、方位的统计与现代的测量数据非常接近，这也从侧面印证了三德范村处于章丘、莱芜来往必经之路的交通地位。

一直到20世纪70年代左右，联结章丘和莱芜两地的主要道路仍然是这条“官道”。不过，虽然是章丘南部的主要通道，但这条古道在很长时间里都保持着乡土道路的原貌。

齐鲁古道上的望鲁门

道路的改变对村落生活的影响是巨大的。从20世纪70年代开始，三德范生产大队投入巨大的财力、物力、人力整修巴漏河河道，先后在村内的巴漏河上架设了胜利桥、三孔桥、中心桥、北大桥4座桥梁。村内的交通干道也从原先的一条章莱古路扩展成中心路、内环路、外环东路、西路、南外环路和北外环路等五纵三横的双环路框架，新辟和改造的道路达到12.7公里。[②]

① （清）杨学渊编：《章丘县乡土志·道路》，清光绪三十三年（1907年）刻本，第89页。
② 参见张福经主编：《三德范庄志》，第110页。

村内道路的改变直接影响了村庄面积和居民区的布局。1984 年，生产大队解散，三德范东、三德范南、三德范西、三德范北 4 个行政村先后“划胡同而治”。当时，国家的土地管理政策正好处在空窗期，各行政村自行划了一大批宅基地，住宅拥挤的村庄像气球一样膨胀开来。随着新街巷不断出现，加上工矿企业、学校、商品房等占地增多，村域面积从清代晚期的 1000 亩左右跃增到 2400 多亩。从那时起的 10 年间，新建住宅纷纷按照道路延伸的触角选择在村落周围的空阔地带修建。同时，虽然老宅多有改造维修，但由于旧街巷不能适应新式交通工具如汽车等的出入，加上分家等多种因素的影响，村内大量住宅开始荒废、闲置。

几乎与村内道路建设同步，1965 年，明莱公路修建，其逐渐取代了章莱古道的作用。1989 年，在远离村庄的东侧修建了省道 242 线，其又逐渐取代了明莱公路的作用。就这样，20 世纪 80 年代末，处于联结章丘、莱芜交通要道上的三德范，在内部道路和交通环境改善的同时，逐渐失去了传统意义上的“交通枢纽”的区位优势。

另一方面，由于重要的地理位置和 20 世纪以来采矿业的发展，三德范商业活动频繁，集市贸易也十分发达。

很多老人说，三德范的集市“在自己小时候就有，少说也有 100 多年的历史”。“七百骡子八百驴”实际上强调的就是从三德范村路过的搞运输的商贩很多，商队络绎不绝。

这些以驴或骡子为主要运输工具的运输专业户俗称“赶长鞭的”。一驴二骡(或马)为一“鞭”，有实力的人家，可养 2～3 鞭牲口。“赶长鞭的”一般成群结队，以便相互照应。他们的运输范围，近则几十里，远则上千里，有的直达江南诸省。当地曾流传“刘公二骡一驴下江南”的传说。

据三德范村村民毛兴元回忆，中华人民共和国成立前，在“大街”住宿一晚不过 2 角钱，一车白菜不过三四块钱。一些商贩常从莱芜贩白菜、姜、萝卜来章丘卖，再把章丘的大葱带到莱芜卖。毛兴元提到自己也曾到百里外的莱芜口镇贩萝卜卖，挣点小钱，来回差不多需要 2 天。那时候农村没有现代化的交通工具，载物大多用木轮车，推起来不但很沉，还会发出“吱吱呀呀”的声响。加上道路十分崎岖，坑坑洼洼不平坦，推起来更加费劲。特别是下雨的时候，裸露的石子以及湿滑的泥巴都让赶路变得异常艰难。

“大街”上仅存的老式商店

集市和发达的贩运也促进了三德范坐商的发展。章莱古道两旁，既有供行人吃住的旅馆饭店，也有专门“接待”贩运的牲口的牲口店。按照村民张万运的话说，“猪来了也得接待，那时候就有专门的猪店”①。那时候的牲口贩子买下莱芜地区的猪，然后贩运到章丘卖。山路不好走，为了保护这些贩运的猪，猪贩子还会给它们穿上小鞋子。莱芜产姜，莱芜地区的人到章丘去卖姜，都会路过三德范。此外，还有一些卖日用品和小百货的商贩聚集在这里。

据说，集市最初设在“大街”与陈家巷交界地带，五日一集，集日是农历每月的“二七”，即逢二和逢七的日子。20 世纪 50 年代之前的集市设有粮食市、蔬菜市、油盐市、山果市、牲口市、木货市等。一般而言，买粮食和油盐是人们赶集的主要目的。芹菜、香菜等蔬菜属于“细菜”，在很长一段时间内，它们和鸡鸭鱼肉等同列，不是逢年过节或婚丧嫁娶时，村民一般都舍不得购买。中华人民共和国成立前，在三德范赶集你会见到产自莱芜的姜、来自山区的山货等，这些都是由外地商贩沿章莱古道运到三德范集市上来的。对于商贩来讲，卖姜是一件辛苦事，他们推着木轮车从莱芜赶来，沿途售卖。当地流传着“一车姜，卖一冬”的故事。

① 访谈对象：张万运，男，三德范村人。访谈时间：2015 年 12 月 4～5 日。

赶集回家的祖孙俩

20 世纪 50 年代，章丘县的工商部门撤销了辖区内的多处小集。三德范的集市得以保留，但集日从“二七”改为“三八”。1950 年起，国家实行粮棉油统购统销，对集市的管理非常严格，集市自然冷冷清清。到了“文化大革命”时期，除了个别人偷偷地进行以物易物的经济活动，集市彻底解散了。1981 年，随着村内巴漏河河道整修和几座桥梁的修建竣工，集市也得以恢复。集市的地点从玄帝阁内搬到了阁外两侧的河岸上，赶集的村民可以通过中心桥和胜利桥在河两岸挑选商品。春节前，尤其是临近年底的“年集”是一年里最热闹的时候。河道东侧从南到北大致排列着肉、海产、酱菜、禽蛋、烟茶、水果、糕点和蔬菜等；河道西侧从南到北大致排列着粮食、花卉、杂货、服装、布匹、书籍和鞋等。各类商品在集市上的排列顺序及小商小贩的位置都相对固定。在三德范“出摊”村里不收费，但每个商贩需要向工商管理人员交纳 5 角或 1 块钱的管理费，缴纳钱数的多少主要跟摊位的占地面积有关。

如今，三德范集一般在 6:30 左右开集，13:30 前散集。村庄道路和交通工具的进一步改善，以及人们消费水平的提高，使得现在全庄已经有了 7 家规模不等的小商品零售店。这些商店大部分都有“姓名＋超市”的大广

告牌。它们平时可以售卖除了蔬菜、水果以外几乎所有的日常生活用品。大概跟村内超市的冲击和人口流失有关系，近10年来的集市呈现出逐渐萎缩然后趋于稳定的发展态势。[①] 但村民们还是喜欢赶集，他们认为集市上的“蔬菜和肉比较新鲜，其他东西也比超市卖得便宜”。不买不卖，或者看多买少被称为“赶闲集”。赶闲集的村民以老年人居多。平时，集市上的摊位有150个左右，主要集中在河道东侧。西侧则只有寥寥几个摊位。两者相加的摊位总长度有500多米。集上的小商小贩有2/3是三德范村村民，其余则是大寨、青野和文祖等附近村落的村民。赶集的村民基本上是三德范人。据说由于这个原因，三德范村的集市上几乎没有出现过小偷。很多村民认为，赶集是自己在日常生活里跟邻里及亲朋好友增进联系的主要方式。村民张烈才就感叹道：

> 赶集要赶早。赶集之前就得跟“家里”商量买什么、不买什么。妇女一般还要跟邻居约好一起去赶集。在路上和集上经常能碰到熟人。平时都捞不着见面。“你也赶集啊?”“你也来赶集啊?”关系很不错的互相之间还得问问(问候)最近家里老人、孩子怎么样。赶完集一块儿提着篮子回家，东西多就互相帮衬着点，路上也能拉拉呱。除了赶集，稍远点的熟人平时也见不着面啊。[②]

二、四村一社

外乡人走进三德范，一眼望去，看到的是高高低低、错落有致的由红砖绿瓦组合而成的房屋。在村里人看来，三德范村是一个整体，但它实际上由分别以东、南、西、北为后缀名的四个行政村构成。因为庄大姓多，三德范人彼此之间互不认识的情况十分常见。那么，三德范是怎样从一个大自然村演变为四个行政村的呢?

---

① 根据编修《三德范庄志》的原大队书记张福经老人的认真统计，在2003年10月23日(农历九月二十八日，周四)的集市上，摊位有334个，日成交额达8万余元。而根据笔者的统计，2016年内的大部分集市的摊位只有当时摊位的1/2左右。据村民反映，现在进城务工、买房的村民逐年增加，只有年节前后三德范的集市才能达到21世纪初的规模。

② 访谈对象：张烈才，男，三德范村人。访谈时间：2016年11月25日。

合署办公的经济联合社和办事处

据许多老人回忆，1945 年 10 月，三德范设立“行政村”。同年，划分为东、西、南、北四个行政村。这是三德范在 20 世纪 80 年代分村的源头。1948 年，设三德范乡，仍保留四村形式。1953 年，三德范改称“镇”，镇下仍设四村。1956 年，三德范新华高级农业合作社成立，下辖 17 个大队。同年，改镇为乡，并增辖附近的鹁鸽崖村。不久，又去除鹁鸽崖村，改为增辖邻近的长水村。1958 年初，撤区并乡，三德范重又隶属文祖乡。同年，撤乡建社，治所为文祖，四个行政村重新合并为一村，称为“三德范生产大队”。“文化大革命”期间，为便于生产管理，仍有以东、西、南、北四村为单元的划分，但都在生产大队组织下开展工作。至 1984 年 5 月，三德范生产大队撤销，同时再次明确划分为东、西、南、北四个行政村，并建立三德范经济联合社，隶属文祖镇。1986 年，设三德范办事处，代管村内的四村一社，办事处党政主要领导兼任经济联合社负责人。

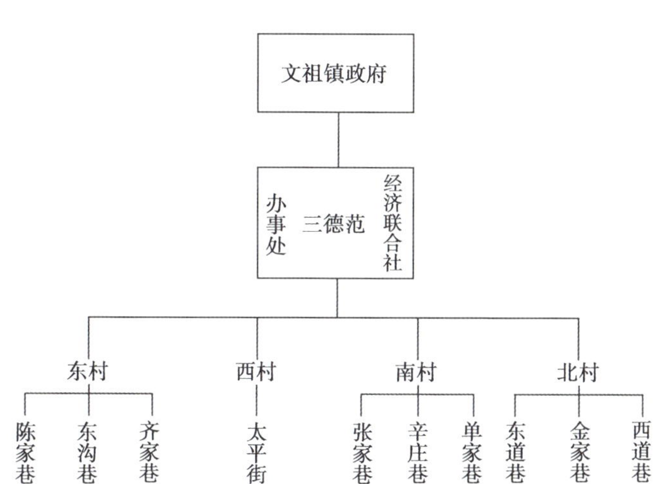

四村一社结构图

20 世纪 80 年代初，大部分三德范人对刚刚步入改革开放时期的中国并没有清晰的了解和认知，但是“分村”给三德范人留下了深刻的烙印。80 多岁的村民冯兰贵在村子附近的煤井“下了一辈子窑”，几乎没有读过什么书，但他对于“分村”的记忆非常深刻。

朱（指笔者）：咱们分成四个村是什么时候的事？

冯（指冯兰贵）：先是共产党过来的时候分的村，分了村入社以后又集中起来成立了高级社。

朱：是不是共产党来了之后先分了村，分了村以后，又合起来了？

冯：这个 1952 年是互助组，1953 年是统购统销，1954 年是初级社，集体种的麦子，俺就是 1954 年集体种的麦子，1955 年秋后就大集体种麦子了，1956 年就成公社了，1958 年成立人民公社。1958 年开始吃食堂，吃到 1961 年。

朱：对，1958 年人民公社、“大跃进”。

冯：“大跃进”，大搞钢铁、大搞煤井，俺都干过。

朱：那咱们这个村什么时候分成现在这个样的？

冯：30 多年前吧，“文化大革命”以后分的。1976 年毛主席去世以后，邓小平那个时候分的。

朱：不分村不行吗？

冯：那就不知道了，反正上级说咋办，咱们老百姓就咋办。[①]

三德范村村民张烈民则从人事关系调整的角度谈了自己对当年“分村”的印象。

朱（指笔者）：为什么不直接把整个村彻底分成四部分？各自为政不就行了？

张（指张烈民）：那时候村里有很多企业，但是集中在北村平坦的地方。如果按村分企业，南村怎么办？老百姓不愿意。再说还有一座锦屏山，西村、南村靠锦屏山最近，把它分给西村、南村吗？北村、东村也不愿意啊！

朱：镇政府把企业和山都收过来，进行集中管理不行吗？

张：谁敢这样弄？又不是镇上建设的。这是老祖宗开的山，老百姓建的企业，工人全是村里的，还不反了天！[②]

在当时，处于生产队权力核心位置的人面对村落要在政治和组织架构上分立、解体，心态同样十分复杂。例如，“大集体”时代在生产大队当了 30 年会计的张福钧，在生产大队解散后的去留就成了一个难题。

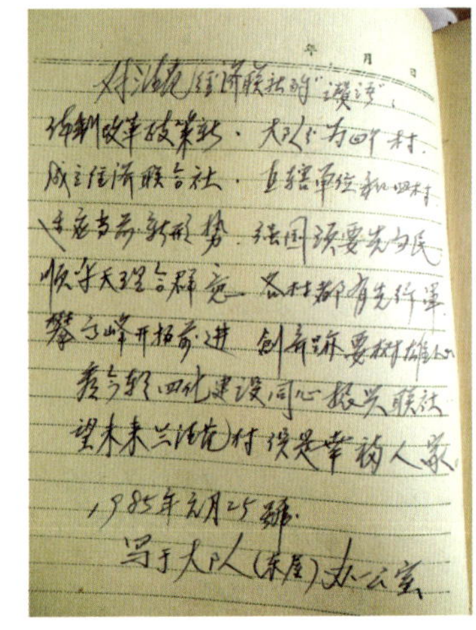

1985年元月25日

写于大队(东屋)办公室

老会计张福钧的手迹

张福钧是三德范张家巷人，高小文化，1955～1984 年担任三德范村生产大队的主管会计。从 20 世纪 50 年代起，整个大队集体时代的生产调配、计划指令和文件收发、档案汇总都由他一丝不苟地完成。这些资料构成了村落档案馆几千份档案卷宗的主体部分。张福钧有一个习惯，如果有重要的事情发生，无论工作多忙，他都要在大队做好正常记录，同时再以日记的形式记下来。1984 年，在记录集体工作 30 年后，张福钧厚厚的一摞私人日记最终定格在了他自拟的一首现代诗上：

---

① 访谈对象：冯兰贵，男，三德范村人。访谈时间：2015 年 3 月 15 日。

② 访谈对象：张烈民，男，三德范村人。访谈时间：2016 年 9 月 15 日。

我的回忆

春花开得早，夏蝉枝头闹。
黄叶飘飘秋来了，白雪纷纷冬又到。
叹人生，容易老！
时光飞驰似电，转瞬即逝百年。
忆乙未合作集体，念甲子体制改革。[①]
屈指以计三十载，天翻地覆大改变！
体制改革政策新，大队改为四个村。
成立经济联合社，强国须要先富民。
……
半年相聚，半年分离。
纵然不能常相聚，我却仍是常思忆。

——张福钧写于 1984 年 10 月 1 日

事实上，这首诗歌首次写于 1984 年 5 月 2 日下午。此前一天（即 1984 年 5 月 1 日），大队召开支部会议，确定了大队解散的方案和分村的办法。这年 62 岁的张福钧早已在两年前交接了主要工作。鉴于他在集体时代的贡献以及没有其他收入来源，大队主要领导决定让他暂时在档案室整理资料以补助生活。此时，大队解散和分村意味着张福钧也要正式、彻底地告别 30 年的集体生活。

1984 年 5 月底，拥有 31 个小生产队的三德范大队根据国家政策解散，整个村子划分为分别以东、西、南、北为后缀名的四个行政村。分设行政村后，各村日常性工作和具体事务由各村村委会负责。同时，据说鉴于村庄的集体产业众多，难以分割，镇政府在三德范生产大队原班人马的基础上又授权成立了“经济联合社”，统筹管理涉及三德范公共利益的经济事务。随后，1986 年，文祖镇政府又授权设立了与经济联合社合署办公的“办事处”。2015 年，因文祖镇改为“文祖街道”，三德范办事处相应地更名为“管理区”，名正言顺地回归了它派驻机构的本来身份。

① 笔记本的页脚写有一行小字：“乙未年是 1955 年初级农业合作社，甲子年是 1984 年体制改革，取消大队。”

在我国华北地区，管理区是乡镇政府在乡镇和行政村之间设立的一种准管理组织。从功能上看，基层政权和管理区之间是一种“委托方-代理人”的关系。在实际运作当中，管理区领导一般由本地在编干部或经过选拔的优秀村干部担任。管理区的级别高于村委会，但更多只是扮演一种发挥“上传下达”功能的中介性社会组织的角色。管理区“管理”的对象主要是村委会干部，但是其联系、协调村委会的中介色彩其实要远大于“管理”的名号。按照派驻原则，管理区既不直接干涉村委会的具体事务，也不对村民的日常生活进行任何直接干预。

三德范管理区的特殊性主要表现在以下两个方面：一是在章丘地区，每个作为乡镇派出机构的管理区平均负责协调六七个行政村或自然村，而只负责协调一个自然村及其内部四个行政村的只有三德范管理区；二是从村落日常运作所体现出来的权威来看，三德范管理区实际拥有的管理权限和对村落的日常干预程度远远高于其他派驻机构。管理区干部李执华出生于三德范附近的文祖村，他曾长期在东张、大寨两个管理区工作，属于工作责任心很强的基层公务员。他这样描述在三德范管理区的工作状态：

> 在三德范村有时候一天能忙死，几乎天天都有事，星期六、星期天也得来坐班。因为三德范庄大姓多，除了老百姓的日常事务多，社会关注度也高。所以比起别的管理区来，没一个像我们管理区似的，动不动就脚不着地地忙到大黑天。相对来说，这是三德范村的特点。①

三、“十门九亲戚”

毫无疑问，庄大姓多的三德范村在行政意义上由四个村子，即东村、西村、南村、北村构成。其中，除西村只有一个巷道——太平街（俗称“西崖”）之外，其他三个村子按照历史习惯都是由若干巷道构建而成，由此沿袭了一种被称为“一街十巷”的分布格局。

① 访谈对象：李执华，男，文祖镇政府派驻干部。访谈时间：2016 年 10 月 20 日。

古村老街巷

笼统地说，全村的住宅区划分为“一条大街，十根巷道”。具体说来，则包括大街、太平街、东沟巷、齐家巷、陈家巷、金家巷、东道巷、西道巷、辛庄巷、单家巷、张家巷等。“一街十巷”成为三德范村在住宅布局上的显著特点。

老人们说，巷道自古就是三德范人主要的组织单元，也是婚丧嫁娶、人情世故开展的主要地方。长此以往，三德范形成了“一个巷道一伙人”的特点。在兵荒马乱的年代，三德范常常受到土匪、强盗的侵扰，人们就以巷道为单位组织民兵队伍，保护巷道的安全。由于庄大姓多，有时候同一个巷道的人也会互不相识，而不同巷道的人互不相识的情况就更常见了。三德范村村民王传昌说：

> 就是一个巷道的不认识也不稀奇，庄大啊！现在的老人，年龄相当的，还差不多认识，但也有很多不认识的。至于像你们这些年轻的，就基本不认得了。三德范太大了，一根胡同好几百人，十根胡同就好几千人。就是在大集体时代，大家天天在一起劳动，也是按巷道分生产队，

其他巷道的人见面也不一定认识。①

当然，更多的时候正如王传昌老人所说，“认得，但不大熟悉”。

前来祝寿的“一大家子”

虽然不同巷道的村民在日常生活里偶遇而叫不上名字的情况经常发生，但双方只要谈及父母或其他家庭成员，有90%的概率会“攀上”确乎其然的亲友关系。这种情况被村民们亲切地称为“十门九亲戚”。之所以出现这种情况，是因为三德范自古便有“好闺女不出庄”的传统，很多已婚女性的娘家都在村内。对此，周边村落的乡民以侃子②的形式戏称“三德范送闺女——哪里黑哪里住”。这一方面是承认三德范村占地面积之大，另一方面是调侃闺女大都嫁在村内的传统。

实际上，这种调侃常带有酸溜溜的意味，更深层的原因在于：三德范村因土地资源和矿产资源丰裕而经济相对富足，加之人口众多，就容易在村内挑选和“预订”满意的对象。当然，也有男性下窑务工占据主要劳动时间，农

① 访谈对象：王传昌，男，三德范村人。访谈时间：2015年12月5日。

② 侃子，歇后语的异文，属于地方性民俗语汇概念。在文祖地区，人们公认“三德范的侃子下火车——拉也拉不完”。据说，西窑头附近有位村民搜集了200多条关于三德范的侃子。

业劳作和生育抚养需要妻族就近协助等因素。

按照三德范村村民的说法，相比于外村，特别是青野、黑峪、大寨等村的人，三德范人曾被公认为“财大气粗”。在旧社会，附近特别是南山深处小村子的村民会到山下来见见世面。那时候的妇女裹着小脚，走路歪歪扭扭很不方便，出趟远门赶集、走亲戚对她们来说都是难得的“见世面”的机会。出门时，男人们推着一个木制的独轮车载着女人。这种木制的小独轮车没有轴承，也谈不上保养、润滑，推车而行会吱呀作响，几里地之外都能听到。三德范村的村民们经常能够听到附近山上远远传来的这种“吱哟吱哟”的声音。山上的人都说，下面的人有知识，见的场面多，三德范村的人首屈一指。村民张万运回忆说，上面的村民是来下面“取经”的。作为三德范村的村民，他们都觉得自己很体面。由于这些原因，三德范村几乎没有打光棍儿的。尤其是在改革开放之前，山上那些小村庄的村民经常满怀艳羡地来三德范村赶集、走亲戚。后来大家打工的打工、进城的进城，这种现象才慢慢少了。

虽然三德范的姑娘嫁得近，甚至“不出巷”，但空间距离短并不意味着可以随便减免“礼数”。直到今天，三德范人完成一桩婚事，还需要举行提亲、换号、送柬、送箱子、迎亲叫门、婚礼、五服贴喜、认家、上喜坟、回门等诸多仪式。如果主要环节遗漏了、失误了，这个婚礼可能就会成为新郎、新娘或者双方父母大半辈子的笑话。

大多数三德范人认为最近这10余年是婚俗变化最大的一个时期。一方面，向城市流动的青壮年人口越来越多，虽然“好闺女不出庄”的观念依旧，但新婚夫妇在村内定居的却越来越少。往省会济南，特别是往距三德范较近的章丘城区扎堆的现象已经常态化。从外地嫁到三德范村的媳妇也突破了周边村落乃至文祖镇的局限，济南、临沂、济宁等市，甚至山西、河南等临近省份的新娘已经见惯不怪。另一方面，在嫁闺女、娶媳妇的地理范围不断扩大的同时，传统婚礼的仪式不断简化。这种简化后的仪式以“送箱子”（彩礼）和“装箱子”（嫁妆）的“礼尚往来”为主要形式，集中表现为“钱来钱往”。事实上，彩礼的价值自20世纪60年代以来已经发生了多次变化。在20世纪60年代，彩礼一般是200尺（约合66.67米）或300尺（约合100米）自织粗布，以及自织粗布做的包袱、手巾——三德范村很多农户至今仍有用老式纺织机织老粗布的习惯。那时一般不给礼金，条件好的也只是给100元

或 200 元钱。20 世纪 70 年代流行革命化的婚姻，阶级成分和政治地位成为主要的择偶标准，婚礼程序也呈现出革命化和模式化的特点。到了 20 世纪 80 年代初，彩礼仍是包袱、毛巾和做衣服用的粗布。虽然随着经济条件的改善，数量上会有所增加，但不致成为家庭负担。三德范村村民王传栋说：

(20 世纪)70 年代末我结婚的时候，聘礼主要是粗布、缝纫机、表、收音机等，但是由于家里穷，我只给了你大娘 30 块钱就结婚了。搁到现在再穷也得三五万才行，再低人家就不嫁咧。到了(20 世纪)80 年代初，就开始兴男方在结婚前送面粉 1 袋、酒 2 箱、烟 2 条、鱼 2 条、鸡 2 只去女方家，也正是从那时开始，女方需准备酒席候女婿。那时的喜宴也多是四四席，肘子、鸡、鱼、丸子这四大件必不可少。现在送彩礼还需要送礼金，如果没有考大学出去，一般 4 万元一包在内。[①]

从 20 世纪 90 年代开始，随着乡镇企业和村办企业的发展，“送箱子”开始成为检验男方经济实力的“硬杠杠”。但此时家庭之间的贫富差距并不大，城市生活也没有成为乡民的生活目标和理想，因此上涨的彩礼并没有给青年男性及其家庭带来太大的压力。2010 年以后，随着城镇化速度加快，年轻人婚后生活向城市看齐的现象日益普遍。而在今天的三德范村，由于城市房价的上涨，婚前在城市买房的条件给不少年轻人带来了烦恼和困扰。

此外，三德范在其他方面也发生了很大变化。一方面是青年男女，特别是“80 后”在章丘城区买房结婚的越来越多，导致村落空心化现象加重。这是造成村内扮玩演员逐渐女性化、儿童化和老龄化的重要原因。另一方面，三德范的乡村文化更加具有包容性，外来媳妇融入春节扮玩活动的现象很好地说明了这一点。在一年一度的“大扮玩”活动中，大部分嫁到三德范的媳妇会在三五年内从旁观者转变成积极热情的参与者。三德范村村民张烈才就说：

别的村嫁到俺们村的小媳妇也要参与到扮玩当中来。比方说辛庄巷的小媳妇们都很漂亮，也很时髦，她们基本都是外庄这几年才嫁到我们村里来的。一开始，她们只是看热闹，后来巷道一组织，就跟着参与进来。这两年不管是近处文祖的，还是远处临沂的、河北的，虽然她们

① 访谈对象：王传栋，男，三德范村人。访谈时间：2015 年 12 月 4 日。

参加扮玩的村民

小的时候不在我们村生活，但是时间长了慢慢地也就成了扮玩的骨干。[①]

① 访谈对象：张烈才，男，三德范村人。访谈时间：2016年11月29日。

第二章 上风上水“聚宝盆”

三德范是一个山环水绕的聚宝盆，它南接泰沂山脉，并且辖管着素有“小泰山”美誉的锦屏山。季节性河流巴漏河从村子中央穿流而过。村落向北则是逐渐变得舒缓、辽阔的华北平原。在高山和平原的过渡地带，是三德范的先民们率先占领了最为富庶的一片山谷和丘陵，并在三块高地上建起了最初的村落。

事实上，只有锦屏山才是纯粹意义上的聚宝盆。因为在一代代三德范人的生产生活中，巴漏河水患、煤炭枯竭、水资源匮乏等都曾是阻碍村子可持续发展的难题。

一、五味杂陈巴漏河

章丘地区属于暖温带半湿润大陆性季风气候，四季分明，夏季降雨集中，冬季雨雪稀少，整体上的特点是“春旱，夏涝，晚秋又旱”。季风在整个鲁中地区的发生时间、强度不同，致使章丘地区的降水量不仅年际变化大，而且丰枯期交替出现，并常常出现连续丰水、枯水的现象。地处山地、丘陵地带的三德范村更是深受旱涝自然灾害的影响。

由于村落所在的山体多属石灰岩，从村内穿流而过的巴漏河渗水严重，

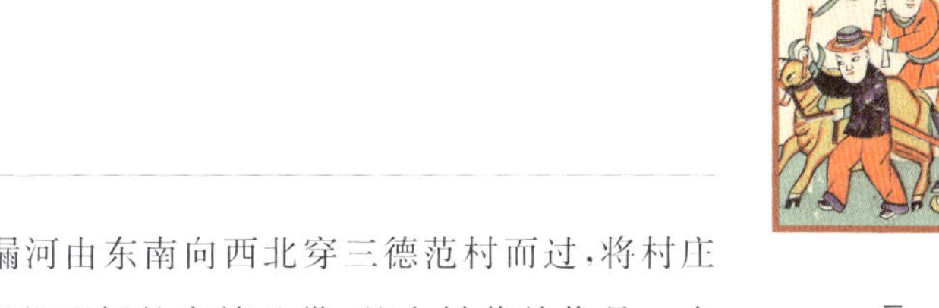

雨后即断流，"没有长流水"。巴漏河由东南向西北穿三德范村而过，将村庄分割为两大条块。民居多建于河谷两侧的高埠地带，整个村落就像是一个不完全封闭的盆地。

很多老人表示，历史上对三德范村生产生活影响最大的，就是横贯村庄的这条巴漏河。

20世纪90年代的巴漏河

在20世纪80年代以前，村内的河道蜿蜒曲折，宽处可达120米，窄处仅30米。河床高低不平，砾石遍地。遇到山洪暴发，洪水常常裹挟着碎石猛冲下来，不但河道瞬间"满槽"，还会冲毁两侧民宅。在三德范村往南不远处、位于巴漏河上游的黑峪村，至今还保存着一通记载着晚清时期防治水患事宜的石碑。碑文如下：

重修太平阁碑记

大明□迁居于黑峪庄朝阳鼎，□年月以安□远年矣。不意黑峪庄□□所过村墟，将村头阁门□□。为谋保全之策，议设立太平石阁一个，以蔽村庄也。□□无不乐从，遂鸠工庀材，筑高而可守也。守望通外界之处也。特刊诸石以志不朽云。

领袖善人（略）　大清咸丰十一年立

“发大水”成了乡民们有关灾害记忆的主要组成部分。年近七旬的冯业荣世居巴漏河东岸，在他的记忆里，冯家擅长手工技艺，以前附近村子里有人结婚，新娘乘坐的花轿都是从冯家租的。鲜为人知的是，冯家这门手艺也与巴漏河的洪水肆虐有直接关系。冯业荣说：

我爷爷年轻的时候下窑挖煤，我奶奶用今天的话说就是家庭妇女。那年(1920年前后)发大水，巴漏河的水都灌到了大街上。我奶奶在家里烙饼，她刚和好面，就听到“哗啦啦”的水淌到当院(庭院)里来了，很快就灌到了屋里。我奶奶不想出去，她心疼屋里的家什，又心疼和好的那块面，就从盆里捞出来裹到了腰上。想走的时候已经走不了了，她就站到桌子上。后来水漫了上来，她就把面盆放在桌子上，站到面盆上。结果土坯墙很快被水泡得稀松，“哗啦”一下都倒了，我奶奶就被压死在了屋里头。那时候我父亲年龄小，我爷爷没办法，下窑挖煤的活儿不干了，狠命学了一门手艺——做花轿。从那个时候开始，我们冯家靠做花轿养家糊口，一直到我这代人年轻的时候。①

巴漏河泄洪的景象

据许多老人回忆，1935年7月30日，巴漏河山洪暴发，水浪达到十几米高，冲荡了沿河的大寨、黑峪口、三德范、长水庄、东窑头、西窑头和月宫等7个村庄，冲毁沿河诸村房屋1000余间。在三德范，洪水漫过两岸黄土

① 访谈对象：冯业荣，男，三德范村人。访谈时间：2016年7月25日。

围堰，倒灌中心大街，水深达 1.5 米以上，河道东侧与中心大街之间的民房及祠堂全部被冲毁，并砸死 1 人。关于这次灾难，据地方文献记载，最为悲惨的是黑峪口村，20 余户人家被洪水卷走后，剩余几户人家心有余悸，全部搬到了临近的黑峪村居住，从此“黑峪口”这一地名彻底消失。[①] 洪水暴发时，上游的大寨村受灾也比较严重。河道旁边的神庙“镇武阁”西墙被冲走一块基石，灾后镶嵌补齐的基石上至今仍留有署名“竹天居士”的铭文：

> 民国二十四年七月一日晨，山洪涨发冲没此石，并冲房舍千余间，几为一平。彼时惨不忍目，此诚千古未有之奇灾也。
>
> 竹天居士志

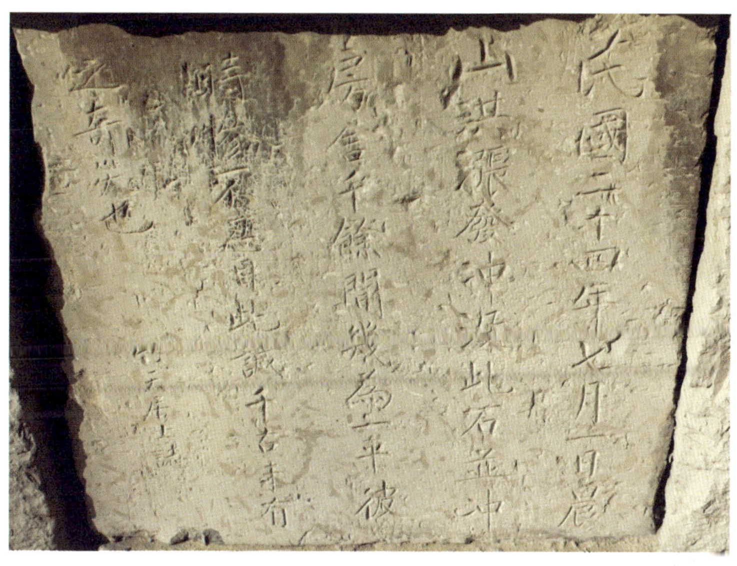

大寨村“河殇”碑

1935 年洪涝的惨烈还为三德范和其他关联村落留下了“大雨三场瑶月飘”的传说。

传说，当时河道里浮出一条大蛇，摇着尾巴划出了“大雨三场瑶月飘”的字迹。村民们十分紧张，认为这样的洪水总共要发 3 次。后来当地的一些文化人解读说，这几个字是巴漏河沿线要受灾的大寨、黑峪、三德范、长

① 参见赵兴林主编：《守望文祖》，黄河出版社 2013 年版，第 245 页。

水、窑头等几个村庄的谐音。

在很多老人的记忆里，巴漏河并没有为村庄带来什么福祉。由于长期没有大型库塘，雨季降水无法带来灌溉之利，加上“漏河漏河，大水过后剩下的就漏没了”，村民们吃水、用水都很成问题。

由于不适合从事农业生产，从滋润土地和养育人民的意义上来说，巴漏河很难称得上是条“母亲河”。更糟糕的是，村庄境内的土壤土质也很不理想。其土壤分为两种类型，其中褐土占全村土地面积的 94.6% 以上，另有少量棕壤类土壤，约占全村土地面积的 5.4%。[①] 被华北农民称为“黄土地”的“普通褐土”土层深厚，质地适中，适合种植粮食作物，但这种类型的土壤在村内的褐土中所占比例很小。村内相当数量的褐土其实属于“褐土性土”，这种土土层浅薄，结构性差，易受干旱威胁，而且农作物的种植、管理耗时耗力。

荷锄而归的村民

此外，三德范村的土地分布状况也比较复杂。村北以平原地居多，东、西、南三面环山，山地与平原混杂，林地和耕地交错。这种岭谷相间的状况导致三德范耕地分散，人均耕地较少。

据《三德范庄志》统计，1956 年三德范村的耕地面积为 9093 亩，平均每人 2.1 亩。后来，由于工副业生产、道路改造、林业生产以及宅基地占用等

① 参见张福经主编：《三德范庄志》，第 43 页。

章邱縣林木所有証　　林权字第914号

为进一步调动广大社員另星植树积极性，以解决社員对木材、烧柴和林产品的需要，加速綠化村鎮，根据"农村人民公社工作条例修正草案"和"中共中央关于确定林权保护山林和发展林业的若干政策規定（試行草案）"，确定将宅旁、院內、村內、村边零星隐地、共 0 亩叁分捌厘归 文祖 公社三德范大队四十一生产队社員趙金朝 长期用于植树。上述范围内的原有树株和今后继续栽植的树木，用材树从种植到成材采伐，經济树从种植到老死，树权和树木的收益，永远归植树的社員所有，产品有自行处理之权，任何单位不得侵犯。但土地系集体所有，社員不得出租或买卖。为确保上述权利，特发此証。

章丘县人民委員会

月　日

地点	四至 东	四至 西	四至 南	四至 北	面积 亩	面积 分	面积 厘	现有树木株数 合计	现有树木株数 用材树	现有树木株数 經济树	备注
住宅	道	道	趙福朝	道			1				
住宅	趙介忠	趙介利	滦世	趙介忠			1	1		1	
园子	坟	趙介方	趙介義	道		3	6	4	1	3	

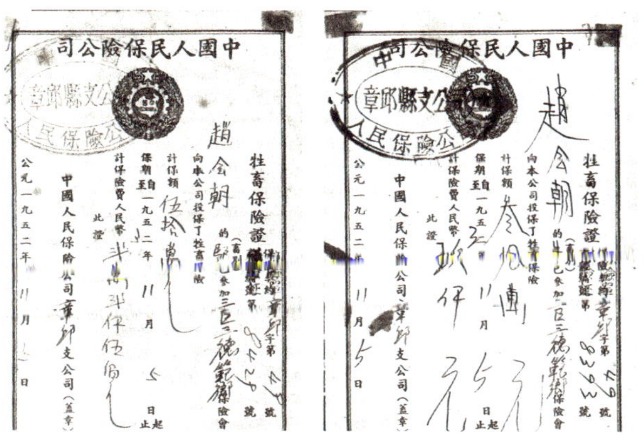

中國人民保險公司

牲畜保險證

趙金朝

向本公司投保了牲畜保險

計保額

保期自一九五二年11月5日起至一九五三年11月 日止

計保險費人民幣

此證

中國人民保險公司章邱支公司（蓋章）

公元一九五二年11月 日

村民保留下来的老证件、老单据

原因，村落所属的可耕地持续减少。[①] 这种现象一直到20世纪90年代末中央政府实行严格的耕地保护制度，并确立了集中统一管理为主的土地行政管理体制才有所改善。

因为没有"长流水"，村民们没有种植蔬菜的习惯。人们擅长种植的粮食作物主要是小麦、玉米、谷子和地瓜。小麦是村内第一大种植作物，但因

① 参见张福经主编：《三德范庄志》，第139页。

缺乏灌溉条件，单产不高，20 世纪 80 年代以前，亩产不足 100 公斤。[①] 实行家庭联产承包责任制以后，小麦亩产才稳定在 200 公斤左右。经济作物目前只有花椒还有村民种植，因为它“野生野长，可以简单管理，经济效益高还不耽误打工时间”。由于田间管理十分复杂，比麦子价格高很多的谷子也没有农民愿意大面积种植。三德范村村民冯昭宝说：

一棵大花椒树能产 5 公斤左右的干花椒皮，每公斤 60 元左右。最多的一家一年能打带皮花椒 400 公斤左右，能卖 2 万多元。但是它野生野长，没法保证家家都有都种。谷子的价格比较高，但还是会优先种麦子。谷子的管理比较麻烦。麦子耕地、播种就可以，最多打打药、收割、入仓。玉米同样也很简单。但谷子要播种、剜苗、铰穗、防虫，忒耽误时间。谷子的颗粒比较小，株数要求比较严格，但出苗比较密集，因此播种后要剜苗，这是个技术活，年轻人都不会。我都不会。理想的剜苗叫“三棵两棵，前后扒窝”，现在村里的年轻人都听不明白啥意思了。当然孩子们也不认(干农活)，都去城里打工了。[②]

三德范周边环绕着好几处村落。在北方，距三德范最近、与其联系最多的是文祖镇政府(现为文祖街道办事处)驻地文祖村。文祖村分为文祖东、文祖南、文祖北 3 个行政村。它的人口规模和村域面积仅次于三德范，二者相距不到 2.5 公里。在南方，距三德范较近的则是青野、黑峪两村，相距 3 公里左右。在老人们看来，虽然三德范的地形以山地为主，但是相比南、北两侧的几个村庄，其优质土地的占有量在四邻八乡还是数得着的。因此，除“好闺女不出庄”之外，三德范还有“好牲口不出庄，好地不出庄”的说法。意思是说，优质的土地只能在三德范本村内部买卖流转，不允许售卖给外村人。这被认为是三德范村在乡规民约意义上能够让全村老百姓达成共识的信条之一。

1949 年初，三德范全村有 970 户，共计 3870 人。整个村庄的耕地面积为 9500 亩，人均 2.45 亩。可见，当时的三德范耕地充足。根据老人们的

---

① 根据《三德范庄志》的记载，1954 年，在村落人口比较稳定的情况下，全村粮食总产 76 万公斤，每亩单产只有 83.5 公斤。(参见张福经主编：《三德范庄志》，第 135 页)

② 访谈对象：冯昭宝，男，三德范村人，长期担任大队和联合社干部。访谈时间：2016 年 6 月 20 日。

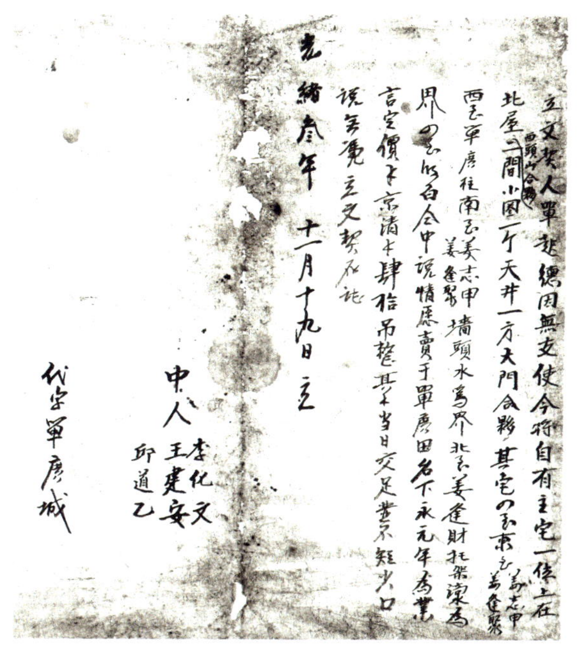

立文契人單趾德因無支使今將自有宅一條坐在
北屋三間（西頭山合夥）小圈一个天井一方大門合夥 其宅四至東至姜志申 姜逢聚
西至單廣往南至姜志申 姜逢聚 墻頭水為界 北至姜逢財托架滾為
界 四至明白 仝中說情愿賣于單廣田名下永元年為業
言定價大京清錢肆拾吊整 其錢當日交足 並不短少 口
說無憑 立文契存証
光緒叁年 十一月十九日 立
中人 李化文 王建安 邱道乙
代字 單廣城

村民收藏的自家老地契

描述和推测，元末明初，正因为三德范地广人稀，才吸引了来自山西洪洞和河北枣强的各姓祖先们前来定居。直到今天，像大多数北方农民那样，三德范人仍十分重视土地的所有权及其附加值。

随着经济的发展和村庄人口的增长，宅基地、工厂、道路等不断侵占耕地。到 2002 年，三德范村仅剩耕地 5876.3 亩，而人口增加到 6213 人，人均耕地面积降到了 0.95 亩。

二、“一黑一白做活路”

俗话说，靠山吃山，靠水吃水。章丘、博山、淄川等地区自古以来盛产煤炭，而三德范恰又位于出产煤炭的中心地带。丰厚的煤层使得三德范及其周边村落的乡民们最迟在晚清时期就形成了“下井为业，半工半农”的劳作模式和生计传统。清康熙年间纂修的《章丘县志》中就有明朝皇帝（万历十八年，即 1590 年）命令太监在平顶山一带采矿的记载。平顶山正是今天三

德范辖管的锦屏山。

一直到 2005 年前后，由于资源枯竭和环境污染等问题越来越严重，当地所有煤井才被彻底关停。三德范人将历史上村落经济的繁荣发达总结为“一黑一白做活路”。“黑”指煤炭，“白”指焦宝石，它们一度是村庄经济发展的核心动力。下面重点介绍三德范村的煤炭经济发展情况。

因为三德范产煤，“下窑”成了很长一段历史时间里三德范人家庭收入的重要来源。至迟从晚清时期起[①]，村子北方、东北方的不远处就有了零星开采的煤矿，相邻的文祖、三元、长水、王黑一带的煤井更是星罗棋布。20 世纪 30 年代，日本侵略者在三德范村北掘井挖煤，开办了赫赫有名的“善芳公司”。农忙种田、农闲下煤窑成为几代三德范人熟悉的劳作模式和生计方式。大部分村民关于生活问题的记忆都与煤炭有关。

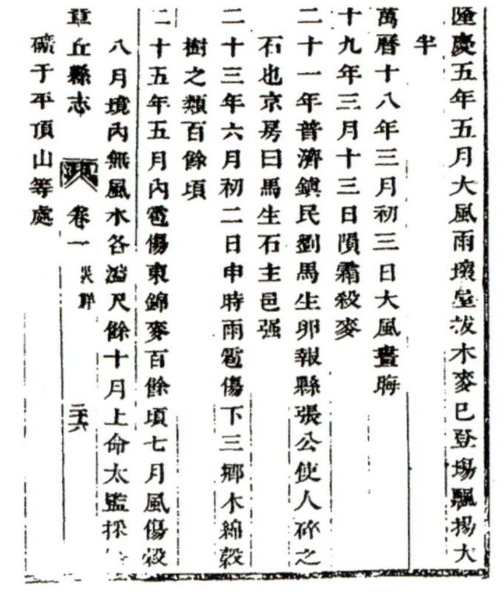

隆慶五年五月大風雨壞壑拔木麥已登場飄揚大半

萬曆十八年三月初三日大風晝晦

十九年三月十三日隕霜殺麥

二十一年普濟鎮民劉馬生卵報縣張公使人碎之石也京房曰馬生石主邑强

二十三年六月初二日申時雨雹傷下三鄉木綿穀樹之類百餘頃

二十五年五月内雹傷東錦麥百餘頃七月風傷殺八月境内無風木各溢尺餘十月上命太監採礦于平頂山等處

章丘縣志　卷一　災祥　三六

二七八

康熙《章丘县志》的采矿记录

当然，下井挖煤不是一份轻松的差事。村民王传会是老一辈人里拥有“上山种地，下窑挖煤”经历的代表，也是少有的拥有国有企业煤矿工人身份的退休工人。他现在一个月的退休金有 3000 多元，这在物价水平比较低的农村，算得上是中上等收入。在王传会看来，挖煤是一份比较辛苦的工作，但三德范的地理位置为他在耕地和煤矿之间往返奔波提供了方便。因为煤矿离家比较近，不需要在煤矿住宿，所以在农忙的时候他可以帮助家里干些农活。他年轻时所在的埠村煤矿实行“三班倒”的工作方式，由于

① 德国地理学家李希霍芬于 1868～1872 年在中国进行了地矿资源考察。他在《中国——亲身旅行和据此所作研究的成果》一书中对当时章丘地区的煤炭生产情况进行了统计和描述。（参见彭泽益编：《中国近代手工业史资料（1840～1949）》第 2 卷，三联书店 1957 年版，第 159 页）

干活不分昼夜，非常辛苦。

从章丘地区现存的口述历史资料来看，三德范及其周边村落乡民们的“下窑”记忆都格外沉重。如：

旧章丘的小煤井，多系民间土法开采，所用矿工也大都是当地少吃没穿的农民。民国以前，文祖、曹范一带煤井最多，因之，那里的矿工也就多。听老工人说，当时两地有小煤井一百多眼，平均每眼井按30人(指井下矿工)计，当是3000之众。①

我今年81岁，离休在家。21岁时，因生活所迫，到三德范村北(本人家在三德范村)的袁家洼炭井去下窑。……此时埠村、文祖一带，煤井遍地，炭堆一个挨一个。……这年，家乡大旱，庄稼几乎是颗粒不归。为了一家人不被饿死，我只好再去袁家洼下窑。一班挣二斤高粱，糠菜掺得再多也是填不饱肚子，日子实在难熬。②

在炭洞里，爬进爬出，一干就是24个钟头，看不到阳光和蓝天，望不见星星和月亮，唯一照明的是每人手中端着的那盏昏惨惨半明不灭的豆油灯，你来我往，灯影婆娑，像鬼火在晃动，似流萤在曼舞，好一幅冥曹地府情景。大家常说，咱们吃的是阳间饭，干的是阴间活。③

很多老人强调，三德范不仅是一个“文化村”，更是一个“革命村”“烈士村”“英模村”。在近现代历史上，三德范历经多次战乱纷争。

民国时期三德范村主要兵事一览表

时间	事件	发起者	结果
1927年2月	土匪绑票	刘黑七	抓走5人，财物赎身
1938年2月	日军扫荡	驻枣园日军	焚毁房屋500间；杀死牲畜175头；村民赵象文、冯汝才遇害

① 叶本正：《旧章丘的煤炭工》，政协章丘县文史资料研究委员会编：《章丘文史资料》第6辑《章丘煤矿史料》，1989年，第156页。

② 冯汝泰(太)：《我亲历的袁家洼煤矿》，政协章丘县文史资料研究委员会编：《章丘文史资料》第6辑《章丘煤矿史料》，第134～135页。

③ 叶本正：《旧章丘的煤炭工》，政协章丘县文史资料研究委员会编：《章丘文史资料》第6辑《章丘煤矿史料》，第154页。

续表

时间	事件	发起者	结果
1939 年 3 月	日军扫荡	驻文祖日军	焚毁房屋 1900 余间；烧死、抢走牲口 286 头；抢走粮食 10 余万斤
1944 年 4 月	土匪火并	王连仲、牛祺山	8 人殒命
1944 年冬	打击伪军	八路军	全歼伪军
1944 年冬	伏击日军	八路军	击毙日军 1 人
1945 年冬	土匪杀人	王连仲部	枪杀 5 位村民
1946 年春	伏击还乡团	八路军	各有伤亡
1946～1947 年	反攻倒算	国民党军队、还乡团	飞机轰炸、抓夫；有死伤
1947 年夏	七二六惨案	国民党军队、还乡团	本村 8 名干部群众被杀害

资料来源：《三德范庄志》及访谈资料。

20 世纪 20 年代末，由于军阀割据，土匪横行，天灾人祸不断，章丘地区的社会矛盾更加尖锐，社会整体上处于失序的混乱状态。“章丘等处的矿山……多半停顿，失业工人多至数万。农村组织破坏，农民春耕无力，秋收无望，农民成千成万向城市乞食。”①

此时，三德范成为土匪、日伪、地方割据势力和进步力量相互争夺的要地。1927～1928 年，土匪刘黑七（刘桂堂）、张鸣九多次对三德范地区进行袭扰，拦路抢劫、放火杀人、绑架撕票、诈骗钱财的暴行层出不穷。因此，村内在 20 世纪 20 年代末成立了民间武装组织“红枪会”“自卫团”“贫民会”。那个动乱时代给很多人留下了深刻的历史烙印。

民国时期三德范村驻军情况一览表

时间	驻军队伍	驻军概况
1928 年	第二次北伐军队	经村半月余
1938～1940 年	伪军一股	进驻大街商铺，驻军 2 年

① 《中共山东省委关于目前山东政治局势的通告（1928）》，山东省档案馆、山东社会科学院历史研究所合编：《山东革命历史档案资料选编（1923～1928）》第 1 辑，山东人民出版社 1981 年版，第 327 页。

续表

时间	驻军队伍	驻军概况
1939 年	伪军一股	进驻辛庄巷等处民宅，旋即撤离
1940 年	伪军一股	驻兵较多，收抚翟毓蔚部
1942～1944 年	伪军十五中队	进驻北头庙、玄帝阁，设据点
1938～1945 年	日军一股	进驻村北袁家洼，时常袭扰

资料来源：《三德范庄志》及访谈资料。

在抗战时期，三德范村涌现出了一批可歌可泣的人物。除了写过《告民众抗敌救国书》的大名鼎鼎的姜隆懋，矿工出身的冯汝太(1908～1993 年)也是一位传奇英雄。

我亲历的袁家洼煤矿

冯汝泰口述

明兆乙执笔

我今年81岁，离休在家。21岁时，因生活所迫，到三德范村北（本人家在三德范村）的袁家洼炭井去下窑。该井最初是文祖镇人高振盛所开，后因资金不足，与淄川人王德胜合资经营。王系行伍出身，其部下李栋臣（济南人青帮头子），联合三德范村的单运秀代替了高振盛和王德胜。此时埠村、文祖一带，煤井遍地，炭堆一个挨一个。由于该地交通不便，工业落后，煤用量太少，致使销售甚微，加之经营不善，煤矿处于不景气状况。时干时停进退不得。

《章丘文史资料》中冯汝太[①]的自述

老矿工冯汝太的自述[②]

我叫冯汝太，1908 年生人，三德范北村人。我 21 岁时，因生活所迫，到三德范村北 1 公里的袁家洼“炭井”去下窑。这眼煤井最初是文祖镇上的高振盛开办的，后来资金不足，就与临近的淄川县人王德胜

---

① 《章丘文史资料》中将“冯汝太”写作“冯汝泰”，应为笔误。

② 这部分口述史料根据冯汝太口述、明兆乙执笔的《章丘文史资料》第 6 辑《章丘煤矿史料》部分篇章、《三德范庄志》主编张福经先生的有关记录以及笔者在田野调查中搜集的相关史料整理而成。

合资经营。王德胜行伍出身，手下有不少兵痞、喽啰。时隔不久，王的部下出了个青帮头子叫李栋臣，李栋臣心狠手辣，早就想把袁家洼煤矿占为己有。过了段时间，他私下勾结三德范村的地头蛇单运秀，借机取代了高振盛和王德胜。俩人就这样把持了袁家洼。

1938年冬，日本鬼子占领了章丘城，这个时候占领煤矿就成了日本人的首要任务。当时三德范附近的埠村、文祖一带，煤井遍地，炭堆一个挨着一个。由于兵荒马乱，交通停滞，本地的工业又落后，再加上经营不善，煤炭销售不景气，进退两难。这个时候，矿主李栋臣不管什么民族大义，变节投敌，通过关节(走门路)与日本商人冈山、谷贺、小山取得联系。不知道双方达成了什么协议，李栋臣拱手将矿权交给了日本人，还美其名曰“中日合办”。这个时候，袁家洼煤矿就改名成了后来大名鼎鼎的“善芳煤炭公司”。作为傀儡和汉奸，李栋臣当了公司的经理。

当时，煤矿有主、副井各一口，一部高车，机器发电照明，矿工有200多口子人，80%以上的矿工都是三德范人，工头是三德范人单运湘。驻扎在煤矿上的日伪军有50来人。其中80%的人属于汉奸、伪军组成的“矿警队”，正、副队长分别由外村人白继珍、李金玉担任。整个矿井有炮楼、岗哨，矿工进出都得搜身。入夜，日本兵亲自带着汉奸、牵着狗在矿区巡逻。

到了1939年，井上、井下都换上了电灯，我们钻炭坑的工人也用上了用电照明的矿灯。原先用油灯当矿灯时，我一点一滴攒下了小半桶豆油，打算找人捎回家。结果出门时，门上的矿警连人带油都给查获、扣留，而且硬说是我偷的。把我传来后，矿警副队长李金玉的弟弟李金平二话不说，抽了我100多皮带。我浑身上下皮开肉绽，到处是血，晕过去了好几次。打完后，工友把我送回了家。我当时已经昏迷不醒，衣裳被皮带抽打成了布条，和血肉粘在一起。这个伤让我两个多月不能下地干活。

这年大旱，三德范几乎是颗粒不收。为了一家人不被饿死，我只好再去袁家洼下窑。干满一班才挣2斤高粱，糠菜掺得再多也填不饱肚子，日子实在难熬。农历十月，一天傍晚有个青年汉子经过我家，操

外地口音。他说自己来附近寻亲，天黑了想先留在我家借宿。那个年代兵荒马乱，不认识的人连话都不敢多说两句，再加上自己都吃不饱，我劝他另投别处。结果他说得可怜，我心一软，就让他在小东屋跟我挤挤睡了。到了半夜，我一伸腿，碰到了一样又硬又凉的东西，他立即坐了起来，说是要上茅房。我也赶紧起身披上棉袄。他机警地看了看我，然后跟我交谈起来。他先问我在井上干活累不累，日子过得怎么样，进而又谈到家庭、谈到父母，再往后竟然提到我的名字，说到我无故在矿上被打的事。我吃惊地问他怎么知道我这么多事，他看谈得差不多了，这才亮出身份，说自己是专搞敌工的八路军，名叫李一民(原名刘仁轩)。这样我俩推心置腹地谈起来，越说越近乎，一直拉到鸡叫头遍。

到了1941年，八路军在章丘地区的活动逐渐公开化，经常在埠村、文祖和三德范一带活动。这时，我在煤矿上跟三德范的矿工老乡单运湘团结在一起，以八路军在村内开的小酒店作为联络点，偷偷传递情报。

到了1942年，日本鬼子的一个小队正式入驻善芳公司，伪军的十五中队就驻扎在三德范村内。在我的教育引导下，副中队长刘天民思想开始觉悟，他也暗中支持我和单运湘在善芳公司的地下工作。比方说，我们这些矿工悄悄从矿上“偷取”导火线、炸药、雷管等军用物资，先放到村里，再由其他接头同志转送到鲁中军区，刘天民都提供了很多方便。

在煤井工作时，我们发动矿工采取消极怠工的办法打击日本鬼子，一方面少出炭(减少产量)，一方面争取让工人多赚几个橡子面窝窝头。具体的做法有两个，其中一个是多插眼。资方规定，每个“班”出炭都有具体定额，按筐计数。从井下上炭时，井口设一个工头，他掌管一块木牌，上面按规格钻了一定数量的“圆眼”。在木牌的一头插着一根特制的木棒，每上一筐炭，木棒就向前移动一个圆眼。一班的炭都上完了，再一起数数木牌上的木棒插了几个圆眼，挪动了10个眼就是10筐，20个眼就是20筐，以此类推来计算工作量。为了骗日本鬼子，我们做通掌牌人的思想工作，让他每次都多挪动几个圆眼。比方说某班实际出了50筐炭，掌牌人却故意挪动了60个或者70个眼，这样工人就能领取一些额外的“待遇”。后来，这个办法被人识破，挪动圆眼改成了发竹

签。我们继续做通发签人的工作，那就是多发签，每出一筐炭，只要有机会就多发几支签。用这种蚂蚁搬家的办法打击敌人。

到了 1942 年，由于我活动频繁，引起了敌人的注意。为了避免被日伪军谋害，经过组织批准，我逃出善芳煤矿，加入了革命队伍章丘"区中队"。这样一直到 1945 年解放，我跟单运湘等三德范村的几个同志继续偷炸药、偷导火索、盗雷管、炸煤窑，狠狠地打击敌人。抗战胜利后，到了 1948 年 10 月，我出任解放后的三德范乡乡长。因为肃反镇反、恢复生产、抗美援朝、农业合作化等革命斗争取得了一些成绩，我多次受到上级的表彰奖励，曾被选举为党代表，出席了泰安专区党代会。1958 年出任文祖镇党委委员，1959 年兼任三德范大队党支部书记，1963 年又任三德范管理区主任，一直到 1964 年离休。

煤矿工人的身份在旧社会并不被看重。"煤黑子""炭鬼子""窑花子""地老鼠"等都是当时人们对煤矿工人的蔑称。同时，煤矿工人时刻面临生命危险。

根据三德范东道巷毛兴元老人的描述，他的伯父曾在村里的煤矿上工作，最后因失火呛死在煤井之中。他现在的两个孩子，其中一个也在从事挖煤的工作，不过村里的煤井早就关闭了，他的孩子是在外地下煤井挣钱。十几年前，考虑到小煤井安全隐患比较大，加之三德范的煤矿资源接近枯竭，村里的煤井被政府强制关闭。从那时起，村里不再需要这么多的劳动力，很多人都选择到外地继续从事挖煤工作。据毛兴元、李兴国说：

过去村里有两个煤井，(20 世纪)六七十年代国家实行集体供给经济，村子里的煤炭都需要开条子才可以买卖。村子里的煤井有一百四五十米深，几乎年年矿上都会发生生产事故，造成人员伤亡。有一年矿上甚至曾出过一次 7 人丧命的重大事故。下煤井其实就是"四块石头夹着一块肉"，相当危险。村里的煤矿之所以会出现那么多事故，是因为先前开采的煤矿位置太浅，废弃之后常会积聚大量的水。新开采的矿源一般位于原矿井的下方，开采稍有不慎积水就会涌入矿井，酿成大祸。①

① 访谈对象：毛兴元、李兴国，男，三德范村人。访谈时间：2015 年 12 月 4～5 日。

这在很大程度上证实了煤炭开采工作的危险性和艰巨性。此外,劳动强度大、工作时间长、劳动风险高促使煤矿工人易产生“抱团”心理;再加上相对较高的工资收入、有限的煤炭产量和充足的人力资源等因素,三德范煤矿企业一贯保持着“本庄人本庄干”的历史传统。

20 世纪 70 年代末,三德范大队党支部制定了“以地下养地上”的方针,以集体经营的煤矿为龙头,村里相继办起了制袋厂、淀粉厂、机械厂、洗煤厂等 10 余家集体企业和私营企业。凭着自己的勤劳、踏实,三德范人围绕着村域内的“黑金”继续勤奋劳作着。至 1992 年,村办企业发放的工资总额超过全村农业收入总额。这使得三德范村一度成为远近闻名、富甲一方的经济强村。

三德范人的生计方式有很多。除了下窑,村里干瓦匠的人也很多。但是,相对而言,在煤矿工作对三德范人影响最大。这种影响不仅体现在三德范人的物质生活方面,也体现在精神生活方面。如冯兰贵说:

> 那个时代,18 岁下了学你不去煤矿上班就是不务正业。全村 80% 以上的青壮年都在镇办、村办煤矿或其他企业上班。(20 世纪)80 年代,下窑每月能挣 200 多块钱,地面工 60 多块,当村干部才 40 多块。到了(20 世纪)90 年代各自翻了一番,还是下窑挣得最多。现在村南面离得最近、富得流油的号称“建筑之乡”的青野村,那个年代不挣钱,他们的工作累、工程小、工钱低,都是小打小闹的。①

冯昭宝则说:

> 虽然(20 世纪)60 年代以后逐渐是深井作业,井下的活动没有想象中的那么狭窄,但是工人在下面干活的时候噪音比较大,所以忙碌起来大家也不会有什么交流。一年当中,工人们盼着过年,开个奖金,发个福利,走亲访友喝个小酒,那种迫切感特别强烈。腊月二十三以前就能放假,过了正月十五才开工——可好好歇歇啦!②

① 访谈对象:冯兰贵,男,三德范村人。访谈时间:2016 年 6 月 20 日。
② 访谈对象:冯昭宝,男,三德范村人。访谈时间:2016 年 6 月 25 日。

三、吃水不忘挖井人

如前文所述，文祖镇南部属鲁中丘陵，西北部处于鲁北平原的边缘，整个镇地势南高北低，属山区丘陵地带。正因如此，文祖镇大部分地区地下水平均深度达200米，地表水资源十分匮乏。[①] 全镇大多数自然村，特别是完全处于山地、丘陵的部分村落，如鹁鸽崖、马家峪等都存在着严重缺水的问题。当然，也有个别村庄如东张、朱公泉、大寨等因山坡堆积和植被繁茂，山泉较多，生活饮水问题不大。

煤炭不仅影响了三德范人的劳作模式和经济生活，而且直接影响了三德范人的生活用水。受煤层影响，可供饮用的浅表地下水为"碎屑岩类碳酸盐岩孔隙裂隙水"——这是真正的"矿泉水"，但矿化度太高，水质和口感极差。三德范的东道巷西侧有一口深约40米的水井，虽然水量充沛，但是水质很差，水味苦涩，因而被乡民们俗称为"蒌水井"。即使这样，从至今还能在水井西侧墙壁上找到的残碑碑文来看，在很长一段时间内，蒌水井一直是三德范人最主要的饮用水水源。碑文曰：

蒌水井残碑

……吾村僻居……尚有古井一眼，穿凿年岁不详……水不能上，庄中共议，□□泉源……注之用于□□合□众□□□而……垂不朽。后学孙□□撰。

太平庄钱二十二千五百三十文

张家巷钱十三千四百□文

陈家巷钱十五千……

大清光绪□十四年

每逢旱季，村民们日夜排队取水，井上辘轳转动不停。天长日久，井口被磨出十几道牙口，至今还清晰可辨。这种情况一直持续到20世纪70年代末三德范生产大队打出几口"深水井"。村内的西道巷，村外的马道、西翅

---

① 参见秦若轼主编：《济南市水利志(1986～2005)》，济南出版社2011年版，第48页。

子、小青山等位置也有几口水井，但这些水井都由废弃煤井改造而成，水质同样苦涩不堪。

溇水井与绳勒痕

饮水是人类每天都要面对的现实问题。因此，关于饮水、节水的故事、传说、经验和侃子也就成为三德范人反复言说的历史记忆和闲聊话题。

从“大水冲了龙王庙”“山水河里洗豆芽”到带有村落文化个性色彩的“三德范的湾水——抢了”“三德范人打水——按轮来”等，有关三德范人和水的侃子在周边村庄广为人知。

从村民们与水有关的生活实践来看，水源问题深刻影响了三德范人的思想观念和行为逻辑。1980 年以前，自然降水是三德范人生活用水的主要来源。在长期的生活实践中，三德范人发明了用旱池蓄水的办法。储存生活用水的旱池成为外人眼里一道奇特的景观。

旱池是人工修建在地下的圆形水囤，每个旱池容量在几十立方米到上百立方米不等，以 30～50 立方米者居多，“最大的可以候八席客（客，当地方言读 kěi）”。据说，村民刘绪贵家的旱池最大，可以容水 250 立方米。每逢下雨，大街小巷、房顶庭院的雨水裹挟着土块、树叶、瓦砾乃至牲畜的粪尿流进旱池，无法保证水的清洁卫生。因为修池需要耗费

旱池

大量的人力和物力，旱池从来不是家家都有。20 世纪 50 年代，有旱池的农户不足 1/4。大多数旱池掌握在比较富裕的农户手里，或一户独占，或几户共有。因此，在以前，“能不能修得起旱池”“家里修了多大的旱池”不仅是家庭实力的标志，而且会“直接影响孩子找对象”。

许多家庭纠纷的产生更是跟旱池的使用、管理有关系。陈家巷冯兆海至今珍藏着多份晚清至民国时期本家族的契约文书。通过它们，我们能管窥当时吃水问题导致的生活窘状。如：

> 立字据人冯汝训：
>
> 因冯如昌宅子卖于王存其，内有水池一个，原许冯汝训吃水。现折作国币八百元整，以后不许冯汝训吃水。两家情愿，并无反悔。立字具存证。
>
> 街谊　陈学军　中人　冯汝秋　族人　冯汝全　代字　冯兰芝
>
> 民国二十三年二月初二日立

据老人回忆，冯如昌、冯汝训[①]两兄弟分家时约定共享宅院内旱池的使用权，但后来房主冯如昌将宅院卖于王存其。王存其对冯汝训吃水不满，发生争执。此事以冯如昌折价赔偿兄弟冯汝训告终。在当时，这类由吃水问题导致的生活矛盾屡见不鲜。

位于三德范村正南方 2 公里处的黑峪村，村域面积不大，常住人口只有三德范村的 1/3。该村同样是个三面环山、一面靠河（巴漏河）却严重缺水、低产多灾的山村。在三德范档案室，我们发现了一则油印于 1966 年 10 月 7 日，名为《今日立下愚公志，敢教日月换新天——文祖公社黑峪大队决心苦干一年改变缺水面貌》的典型材料。其文如下：

> （黑峪大队）全大队 368 户，1745 口人，大家畜 94 头，猪羊 429 头，耕地面积 1680 亩，平均每人占有土地 0.96 亩。地块零星，土层浅薄，不耐旱也不耐涝，每当春秋干旱季节，人畜生活用水要翻山到邻近的莱芜县芦地、杨家庙等地去取，往返四十华里。夏季到来，山洪暴发，水冲沙压，雨过天晴，水干河枯。因此粮食产量很低，广大群众世世代代过着饥寒交迫的生活。
>
> 解放后，在党和政府的领导下，随着集体生产事业的发展，在解决人畜生活用水问题上做出了一定的成绩。几年来，共建成了旱池 310

① 注：原字据中所记人名即为“冯如昌”“冯汝训”。

个，方塘 4 个，容水 6500 方。平均每人每天占有水量 15 斤（含牲畜），在一般年份内人畜生活用水已基本解决。地瓜插秧、点种玉米，仍须到外地去取。

黑峪大队几年来在与自然灾害进行革命斗争的实践中，充分认识到水是农业的命脉，缺水是穷根。要想摆脱贫困争取农业翻身，非革水的命不可。特别是 1965 年雨雪奇少，原有的方塘和旱池没有蓄水，结果有 6 个月的时间人畜没有水吃。加上地瓜插秧、点种玉米的用水，全队 450 名劳力投入运水，占用工日 6.5 万个，对其他生产有影响。

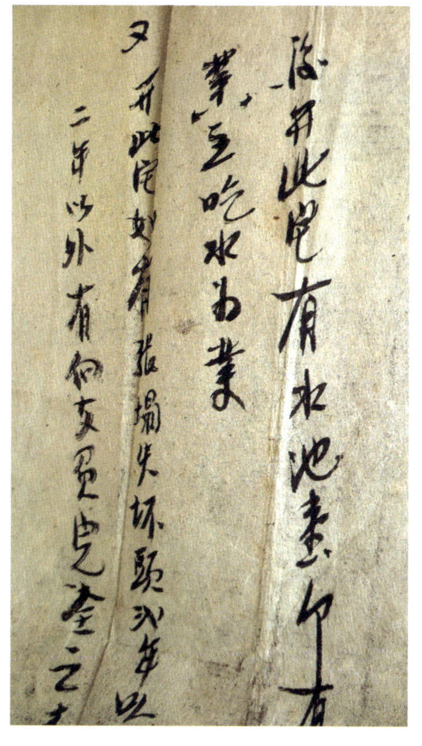

旱池是老地契上的重要财产

为了解决这个问题，大队支部曾进行过多次研究，摆过条件，订过措施。打井吧，岩石破碎，漏水严重，不成。建水库吧，因是青石山区也蓄不住水。唯一的办法是大搞旱池，拦蓄地面水……

水窖[①]的施工要分提筒、闷池、砌筑三个步骤，只靠专业队来完成是有困难的，特别是在砌筑旱池的过程中。一切料、物要从山下运到山地，同时要翻越十几道沟壑，爬几里路的陡山坡，全靠肩挑人抬，而且就连和泥用的一筐土也要到山下去挑。困难吓不倒觉悟了的全体社员，专业队完成不了的任务，就发动社员不计报酬，利用晚上来支援。全民上阵，男女齐动手，大队副队长李金恒之妻是有 5 个孩子的妈妈的小脚女人[②]，在修水窖的过程中，每天向上送水四担。

自 6 月下旬动工以来至目前，全队动工的 10 个水窖已完成的 5 个，

① 水窖：旱池的一种。
② 该句较生涩，但原文如此。

基本完成的 2 个，正在施工的 3 个。据初步核算，每个容水 170 方，用工 1500 个，投资 250 元。

总之，黑峪大队破除迷信，敢想敢干，在汛期大搞旱池，取得了一定成绩。但他们并没有以此为满足，表示在秋收基本结束后还要大干、苦干、穷干，力争 1966 年全面完成水利建设计划，全面解决人畜吃水困难。

一九六六年十月七日

水利設施示意图

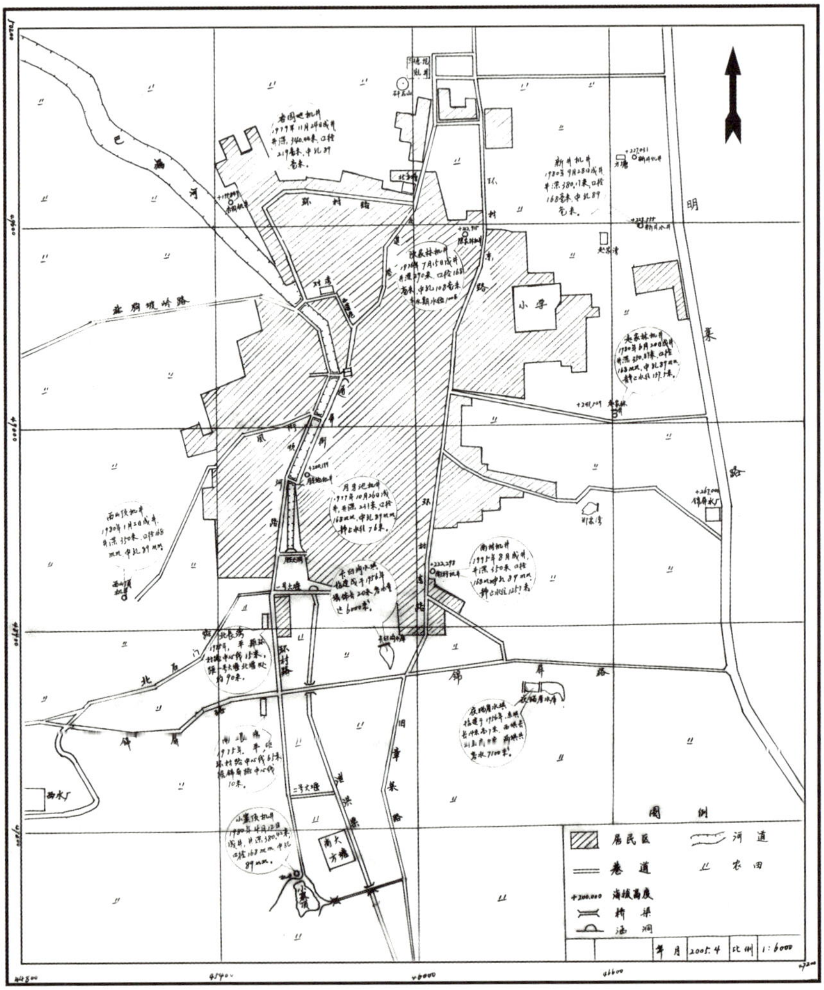

《三德范庄志》中的“水利设施示意图”

在人口大村三德范，这种与“吃水难”抗争的情况持续的时间更长。直到20世纪70年代末，村民们对旱池的管理还非常严格，每户加盖上锁、掩石培土，严加防范。不是关系很好的亲友，跟别人借水就得“看面子大小”。大旱之年蓄水用尽，全村百姓只好到村北头东道巷的溇水井取水。在人们的生活记忆里，水比油还要珍贵。张福经说：

> 一直到20世纪70年代，吃水都还是一个大问题。劳动了一天的人们为了能挑上一担水，不得不在溇水井边上排队挨号等上一个通宵。有的干脆出庄去打水，北到长水、文祖，南到莱芜上游村，肩挑驴驮经常排成长龙。即便是外出赶集，也不会放弃捎水回家的机会。有壮劳力的家庭还好，年老体弱的就没办法了，为了能借半瓢水，挨家串门形同要饭。一瓢水先洗菜后刷锅，沉淀后再洗脸，最后还是舍不得泼掉——因为喝了这一瓢，下一瓢不知道在哪里。遇到大旱的年景最怕草屋失火，因为大火一旦烧起来，我们只能干着急，没有那么多水救火。①

三德范塘坝修筑一览表(1734～1978年)

塘坝	名称	长(m)	宽(m)	深(m)	容积(m^3)	建设年限
方塘	南大方塘	93	85	7	55335	1977年清基备料，1978年春浆砌
	北方塘	52	31	7	11284	1965年建成
	对湾(北头湾)	39	21	6	4914	1956年重修
	新井	20	20	6	2400	1971年建成
	月牙池	17	10	5	850	1734年(雍正十二年)建成
	赵家湾	20	13	2	520	不可考
	郑家湾	10	10	2	200	不可考
	齐家湾	20	15	3	900	不可考
	南长湾	35	10	3	1050	不可考
	北长湾	30	10	3	900	不可考
	漫滩湾	10	10	2	200	不可考

① 访谈对象：张福经，男，三德范村人，长期担任三德范村主要领导，退休后主编《三德范庄志》。访谈时间：2016年7月20日。

续表

塘坝	名称	长(m)	宽(m)	深(m)	容积(m^3)	建设年限
坝	野猫子崖(东坝)	坝体 14	坝体 2.5	7	5000	1956 年建成
	野猫子崖(西坝)	坝体 21	坝体 2.2	8	2100	1956 年建成
	卡臼沟	坝体 20	坝体 2.2	4.5	6000	1956 年建成
	柳树沟(拦河坝)	117	4.5	8		1976 年建成

资料来源:张福经主编:《三德范庄志》,第 129 页。

在一个相当长的历史时期内,旱涝灾害始终是困扰三德范村的现实问题。在老村轮廓南端的巴漏河入村处,河东建有“禹王庙”,隔河相望的高处则建有“龙王庙”。这种矛盾又无奈的设置正是当时现实困境的反映。

从 20 世纪 50 年代开始,水利工程建设成为三德范村延续到 20 世纪 80 年代的生产主题。仅就水利建设而言,三德范人为蓄水而筑旱池、修塘坝、凿新井,为取水而引矿水、拓沟渠、建水厂,为浚水而造谷坊、修河坝、整河道……即使按照现代机械化作业的工程量来看,这种劳动的付出也十分惊人。在这个过程中,“农业学大寨运动”以及它“以治水改土为中心的农田基本建设”被当作一项伟大的社会主义事业,这是特殊时期不能忽视的时代背景。当然,“左”的路线方针导致的错误在三德范村也有所体现。当时担任生产大队主要领导的张福经老人回忆说:

(20 世纪)六七十年代的建设,政策实行起来还是三德范人自己组织自己,自己管理自己。劳动时自带干粮,吃在工地上,除了工分,没有工资。1975 年,因为三德范人的农田水利建设搞得有声有色,文祖公社党委、政府要在三德范现场搞一个“搬山填河造平原农田基本建设工程大会战”,上级领导干部就全部住到村里了。

1975 年 11 月 30 日,扩大到全公社的 1 万多民工上阵,红旗招展,炮声隆隆,经过前后三个月的会战,搬动了土石 160 万方。但是因为仓促上马不切实际,到了 1976 年汛期,几场洪水就将土石冲得乱七八糟。结果这个烂摊子还是我们村自己收拾。

经过我们重新规划,1976～1977 年,全大队 2000 名劳力齐上阵,才使河道改造真正完善。这个过程里,我这个土生土长的大队书记,

如果没有坚定的意志和铁的手腕去推行是不可能完成的。①

方塘是修建在村子公共空间的大型蓄水池,供建房使用和牲畜饮用。三德范村内的方塘主要有北村的北方塘、对湾以及南村禹王庙畔的月牙池(雅称“金龙池”,俗称“三角子湾”)。据三德范西道巷的王传会老人说,村子里的旱池、方塘和河道等在蓄水时是连接在一起的。下雨的时候,人们先是给院子里的旱池灌水,等到旱池满了,水就顺着巷道流到方塘去,等到它们也蓄满了,水就流到河道里去了。

在“水比油贵”的年代里,村民们想尽一切办法存水,旱池、方塘就是这里缺水的见证。直到现在,许多村民家里仍然保留着旱池,因为他们缺水缺“怕了”,缺水的困窘已经深深地刻印在每个三德范人的心中了。20世纪90年代末,经过几代人以“蓄水、引水、浚水”为主题的奋斗,绝大部分村民解决了生活用水的难题。

如今,尽管大部分家庭都装上了自来水管道,但囿于各种主客观条件,如自来水定时供应、住在高处的居民无法引水上坡等,村内大街小巷的墙壁上仍随处可见“拉水”的大字涂鸦广告,载着大水桶和铁皮罐送水的拖拉机更是时有所见。根深蒂固的“节水”习惯和深入骨髓的“缺水”意识使得很多村民在自来水基本普及的今天仍坚持保留旱池。在他们看来,“该修池还得修池,可不能大意,万一哪天停了水怎么办?!”

① 访谈对象:张福经,男,三德范村人。访谈时间:2016年7月20日。

第三章
问我祖先何处来

从三德范村至今依稀可辨的明清遗迹，如围子墙、寨门、方塘、庙宇等的布局来看，先民们秉持珍惜土地、协调山水、护持林木、预防水患的原则，利用天然地形择地而居，真正做到了“依山傍水，枕山环水，负阴抱阳，随坡就势”。

那么，为什么村庄的名称从“三嵌坂”“三队反”“三推饭”“三坠反”最终演变为“三德范”？为什么三德范人的婚丧嫁娶习惯以胡同（巷道）为单位开展，并给人留下了“一根胡同一伙人”的印象？老人们口耳相传、众说纷纭的“老祠堂”历经变迁，它供奉的到底是何方神祇呢？

一.“三德范”村名考

在三德范所属的文祖镇，大部分自然村的命名都与地形、水文或姓氏有关，如青野、黑峪、黄露泉和西王黑等。也有少数几个与动植物有关，如石斑鸠、鹁鸽崖、三槐树等。还有一部分与地理形势有关，如石子口、黑峪、分水岭、朱公泉等。那么，“三德范”的村名是从何而来的呢？由文祖镇政府在2013年组织地方学者编修的《守望文祖》这样描述三德范村名的由来：

战国时期，文祖地带便是交通要道。齐国为防鲁国等进攻，修筑了

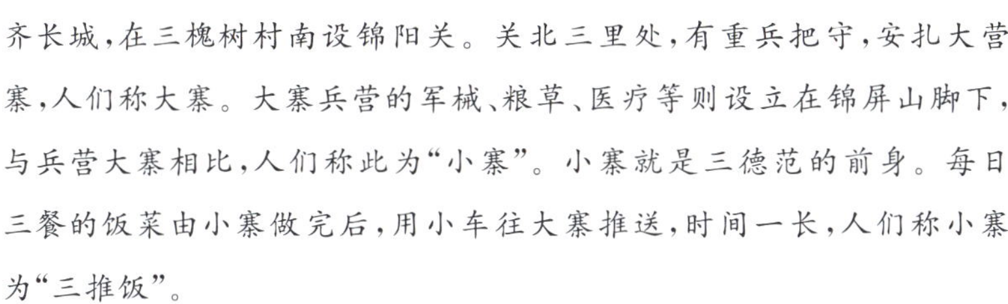

> 齐长城，在三槐树村南设锦阳关。关北三里处，有重兵把守，安扎大营寨，人们称大寨。大寨兵营的军械、粮草、医疗等则设立在锦屏山脚下，与兵营大寨相比，人们称此为“小寨”。小寨就是三德范的前身。每日三餐的饭菜由小寨做完后，用小车往大寨推送，时间一长，人们称小寨为“三推饭”。
>
> 因送饭曾遭强人的抢劫，所以，大寨兵营便先派探马侦察，在确无敌情的情况下，由快马送信追催送饭。因而，小寨又被称“三追饭”。现三德范张家林明朝碑文记载“三坠反”村名，便由“三追饭”谐音而来。那么后来为何又得“三德范”之名呢？①

这段解说的后文讲述了一则故事，大概内容是村内张老汉早年丧妻，好不容易把儿子拉扯大，又给儿子张郎娶妻姜氏。因齐、鲁两国争战，张郎随军出征，姜氏则在家伺候公公。后来村内传出公公与儿媳的谣言。姜氏不堪受辱，投崖自尽。村民们将尸体抬回后，却发现姜氏安然在家，而杂草遮盖的尸身变成了一通光滑的石碑，上刻“三从四德之楷范”几个大字。就这样，村名从此更改为“三德范”。故事中的说法受到很多三德范村村民的质疑。

夕阳下的齐长城锦阳关

① 赵兴林主编：《守望文祖》，第321页。

张福经先生考证认为:“三德范的古称先后有‘三雘坂’、‘三队反’、‘三坠反’、‘三推饭’,清道光二十三年(1843年),庄内重修禹王庙碑记,首见‘三德范’之名,距今仅有160余年。”①村内现存古碑碣的记载也大致证实了这样一个村名变迁的脉络。其中,署明万历四年(1576年)的“重修玄帝阁前石桥碑”记载:“大明国山东省济南府章丘县城南六十里有三队反镇……齐鲁燕冀通衢,又一方之重镇。”在三德范村的太平街,署清雍正十一年(1733年)的“通路契约碑”也记载了“三队反”的说法:

太平街通路契约碑

三队反□□新立太平庄。阖庄乡党公兑价银肆两肆钱,□仝中买得地基一□,以为南北通路□。自石坐后石为西界,东至□□分为东界。其契赵方升保存,□恐年远无凭,今将乡党姓名详列于后。

邱来思　张贵祥　赵方升　张清　景□□

雍正十一年□月□拾伍日勒制

及至清乾隆四十五年(1780年),“重修玄帝阁碑”则有“章南明四里三推饭庄,旧有南北通衢”的字样。旧村南端的禹王庙留存着清乾隆五十七年(1792年)所刻“重修禹王庙碑”。其文称:“章邑城南明四里三推饭庄,旧有禹王庙,世远年湮,殿宇无色,神像蒙尘。”显然当时使用的是“三推饭”的村名。

清乾隆重修禹王庙碑

闻之,庙者貌也,所以栖神也。其栖神者何?曰其有功德于民而崇祀之也。为其有功德而民莫之能名,则若何?曰功在一时,德及万世。编氓虽见浅,而一经缙绅先生言之,鲜不疏然起敬也。夫然则功德照照愈久而弥彰者,其维夏后氏禹王也哉!

章邑城南明四里三推饭庄,旧有禹王庙,世远年湮,殿宇无色,神像蒙尘。村之善士张学孟等,目击心悲,爰集父老而议之曰:“大禹德配二帝,功迈三王,今暗淡无华,漂摇几苦,行路皆为浩叹,吾侪辈曾概不一顾可乎?矧水土平而粒食奏,非禹,民其馁矣!巢窟弃而栋宇真,非禹,

① 张福经主编:《三德范庄志》,第1页。

民其鱼矣！事非协力重修，将何以入庙思敬，以崇厥德，以报绝功？”众父老咸曰唯唯。于是数人倡之，众人和之，鸠工庀材，贫者不私筋力，富者乐输囊资，不旬日而厥成功焉。漪欤休哉，殿宇辉煌，偕文明而并著；神像闪烁，兴盖赞而俱新。虽曰人力，奚啻神功！然则斯举也，其非徒饰观瞻之谓，其谓释昏垫于四载，消洚洞于八年，而昭平成于万世也。其功其德，巍巍荡荡，蒸民曷敢言报也，聊将借以抒愚诚耳。不然，夫岂不知踵事增华之非易也。昔狄仁杰毁淫祠，遍天下所存者，独推禹王功德，为都城里党元祀焉，其亦此志也。夫是为记。

邑庠生　靳方山　拜　手撰书

领袖　32人（略）

塑画匠　泥水匠　木匠（略）

主持德行道人　赵本魁

徒儿　仁禄　仁镜

徒孙　义行

大清乾隆五十七年岁在壬子榴月吉旦立

在清道光二十三年（1843年）所刻“重修禹王庙碑”中，则出现了“环村皆山也。三德范旧有禹庙，南插屏，北映流”的记载。可见，当时“三德范”这一村名已被人广泛接受。

巍然屹立的禹王庙

清道光重修禹王庙碑

环村皆山也。三德范旧有禹庙，南插屏，北映流。其左右之列而居者咸神而祀之，以为功之大莫夏后若也。兹因年远貌晦，诸父老乃为重新，而请记于予。予曰："禹之明德远矣。"凡刘子之叹兔鱼，尚书之纪命龟，以及七旬格阶之舞，一中传心之执，前人之述备矣。吾皆置而不录，惧亵也。

虽然，而庙之存讵徒然矣！想昔父老贯有见昏垫以去，巢窟尽更，非禹之门三过、载四乘，焉能使我播百谷，苏兆姓，以享厚生之利于无穷哉。以故庙之留于古者，又必汲汲新于今也。不然，唐以后庙之所毁者岂少哉？而禹之庙独延于世，吾于是盖有以见禹德之至入人之深，而流泽之远且久也。宜孔圣心为契，而穆然有怀曰："吾与禹何间。"不敏亦愿移文正范公之词以赞曰："云山苍苍，江水泱泱。神禹之德，山高水长。"

邑庠生　张桂馨　薰沐叩撰

后学　张兰馨　沐手书丹

董事善人　28人(略)

石工木工绘工泥工　7人(略)

主持道衲　赵仁同　赵义兴

徒儿　礼和　礼江

大清道光二十三年岁次癸卯小春梅月吉旦立

那么，三德范的村名在不同历史时期出现字面差别的内在逻辑是什么呢？从现有的资料来看，"三队反""三坠反"等早期村名的产生，主要是因为其贴近村落地理形貌的特征。"队""坠"二字古义相通，都有从高处下坠的含义；"反"则通"坂"，有山坡、斜坡的意思。从"三队反""三坠反"到"三德范"，反映了村子命名的取向从自然环境逐渐向文化内涵靠拢的过程。只不过，老百姓并不一定非要买"文化人"的账。在三德范周边的青野、大寨、文祖和旭升等村落，不止一位乡民将"三德范"称为"三顿饭"。这种称呼更多带有一种调侃的意味。但是，无论是"三推饭"还是"三顿饭"，三德范村民总能给予一种合理化的解释。如张万蕴说：

> 俺这个村往南走 8 里地是大寨村，往南走 10 里就是齐长城的锦阳关，是个易守难攻的地方。大寨是前线的大军营，我们这里是指挥所和大后方。老辈人说当年前方打起仗来，我们这里就负责做饭。一天送饭三回，所以叫"三推饭"①。

虽然讲述者本人也承认这种解释是叠加了口耳相传和个人理解的说法，但从有据可查的山东近现代史资料和文化遗留物来看，地名和民间传说所反映出来的历史记忆确实在一定程度上符合三德范人对自身存在的乡土空间及其历史感的想象和理解。

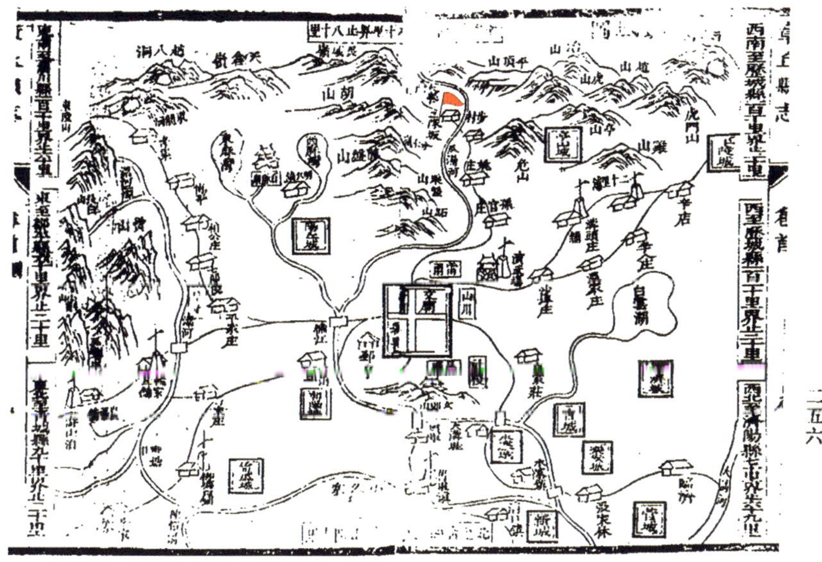

康熙《章丘县志》中的"三霞坂"

"三德范"显然是带有儒学色彩的文化解释，这种符合国家礼制的解释与现实情境里中国农民"耕读持家""文化大村"的精神追求相契合，所以最终延续至今。地名的变迁佐证了三德范这个小山村与国家礼制互相涵化的过程。直至今天，"三德范"这个名字在村落内外仍然具有不同的文化表达和意义释读。作为基层政府派驻机构的三德范管理区曾邀请山东大学儒学高等研究院的学者对村名"三德范"进行阐释。有学者认为，"三德范"应该

① 访谈对象：张万蕴，男，三德范村人。访谈时间：2015 年 12 月 5 日。

是“《周礼》《论语》推崇的‘至德、敏德、孝德’，或者‘君子三德——仁、智、勇’之表率的意思”。不过，村民们也有自己的理解，他们多从“德”的内容和指称对象上进行解读。他们的解释一般与自己的家族有直接联系。例如，辛庄巷居民宋广艺认为：

三德范的“三德”有我们宋家一德。李家是孝顺老祖（父母），张家是行好铺路，宋家是仁义道德。李家祖上有孝子，父母去世了守孝三年，打雷下雨的时候就到父母坟头上趴着，怕吓着父母。我们宋家讲仁义道德。我的老爷爷（曾祖父）宋文斗武艺高强，但是从不欺负人。我们宋家也是从来不坑人、不骗人。①

随着时光的流逝，绝大多数村民早已经不关心这类“名实问题”。在他们看来，所谓村落的历史文化、地名变迁，都不过是“文化人”考据和咀嚼的内容。所有因村名联想到的“悠久的文化古村”印象，更多建立在村落多处或保留完整或残存遗迹的圩墙、哨门（围子门）和寺庙遗址上。玄帝阁、文昌阁碑以及人和门等古迹的存在就很能说明这种现象。

玄帝阁

① 访谈对象：宋广艺，男，三德范村人。访谈时间：2016 年 11 月 25 日。

玄帝阁是村内保存最为完整的明清风格建筑，被村民们俗称为"郭子"。在三德范旅游手册中，镇上的"文化人"这样勾画玄帝阁的面貌：

> 大街南段的玄帝阁是本村标志性建筑，始建于宋元时期。建筑结构为上殿、中洞、下桥，总高10.40米，瓮城结构南北长约50米。整个建筑前后两进，阁南以口字形布局连接着南端最外围的太平门，玄帝阁据北面南与太平门相对。阁北有石匾额，上书"三队反镇"。专家们认为重修时间约在明末清初，其瓮城式结构是华北农村地区少见的防御性军事建筑。[①]

从碑刻、题刻的落款和"三队反镇"的牌匾看，玄帝阁前的太平门以及周边的人和门、太平街、艮峰门等防御性圩寨遗迹基本修建于晚清同治年间。古代风水理念和晚清防备捻军的军事需求是这些建筑修建的主要原因。在河道西侧被俗称为"西崖"或"河西"的太平街的街口，镶有清同治二年（1863年）的一通碑刻。石碑简要说明了在圩子门上突兀地另设一阁的缘由：

太平街文昌阁碑

> 大清同治二年，岁次癸亥，冬至后太平巷众筑援阁门于闾首。逾年岁次甲子，于其上建庙，使此巷符离明及兑错艮之象焉。
>
> 邑庠生 张桂馨 记　张永生 书撰　议施工费13人（略）

太平街文昌阁碑

① 三德范管理区编：《国家级传统村落"三德范"乡村自助游手册》（宣传印刷品）。

据《张氏族谱》记载，张桂馨、张永生为父子二人。父亲撰文，儿子书写，这在三德范的老辈张家人那里被传为佳话。

与文昌阁隔河相对的是落款有“毛鸿宾”名字的人和门。毛鸿宾(1811～1867年)，济南历城人，晚清重臣，曾任两广总督。他与晚清重臣曾国藩是同榜进士，既是“同年”(同学)，又是“同庚”(同龄)，据说二人相交甚深。古时，历城县与章丘县接壤。毛鸿宾的题款又从另一个侧面佐证了“三推饭”等村名可能含有军事意味。

人和门下的锣鼓队

史书记载，毛鸿宾任湖南巡抚期间，为镇压太平军不遗余力，对太平天国将领石达开、张高友等进行了围追堵截。此时，山东各地捻军四起，淄川捻军首领刘德沛夺县城、杀命官，官府惊恐万状。于是，毛鸿宾向朝廷推荐了长沙知府丁宝桢。清廷采纳了他的建议。后来，清兵攻破淄川县城，杀死刘德沛，丁宝桢由此名声大振。世人皆知丁宝桢是毛鸿宾所荐，因此便赞毛鸿宾“知人”。此外，毛鸿宾还向清政府推荐了其他一些人才。例如，他曾上疏推荐左宗棠，称其胆识过人，若赋予其封疆重任，必能保境安民。左宗棠最终被重用，虽主要得力于曾国藩的推荐，但毛氏首推之功也广为人知。同治六年(1867 年),山东捻军以赖文光为首,自戴家庙渡黄河,欲夺省城。毛鸿宾率民团为官府助战,因病而终。毛鸿宾死后,经山东两任巡抚分别上疏,朝廷先后两次降旨,嘉其忠心,朱批加恩,复其原职,并将其名字写在牌位上,祭祀于乡贤祠。有村民说,毛鸿宾作为晚清重臣,之所以能够在三德范留下墨宝,大概与他返乡后在三德范附近参与组织民团、抵御捻军的工作有关。

无论如何,在近现代历史的云烟散尽之后,知书达理的三德范人舍弃了干瘪的“三嗀坂”“三队反”一类的地理称谓,也拒绝了“三推饭”“三追饭”等带有军事斗争色彩的乡俗俚语。既源自历史传统,又贴近山东人崇德观念的名字“三德范”,为官方和民间所接受。

二、一根胡同一伙人

如果按照男系嫡传的认定传统,三德范有王、张、赵、冯、姜、单、陈、牛、高、宋等 26 个姓氏。王姓人口最多,分为 7 个族系;张姓次之。除了大致有“大杂居,小聚居”的居住特点外,姓氏和“族家”在村落空间分布上并没有规律性的脉络。

半新半旧的老街巷

关于村子姓氏宗族的来源问题，年龄在35岁以上的村民都知道"车、袁两家实在户"的说法，意思是车姓和袁姓是原住民，最早在村内定居。现在，三德范早已没有车姓村民，袁姓村民也只有15户，60余人。村内现存王、牛、张、单、齐等8家族谱。从族谱的记载看，明初或清中叶是大部分姓氏宗族迁居三德范村的主要时间段。《赵氏族谱》记有"十世祖赵真明朝万历三年(1957年)由章丘城东关饮马沟迁来三德范"。《牛氏族谱》记有"始祖原籍直隶枣强县，明洪武二年(1369年)，徙居章邑之推官庄，牛氏六世孙大才从推官庄迁居三德范，至今已历十八世"。《齐氏族谱》则记载了清同治十三年(1874年)三德范村的齐氏族人寻根至章丘小埠庄的经历，还特别注明齐氏一姓大约是在清朝初年迁居三德范。《张氏族谱》历经5次重修，记载了始祖"祖居直隶真定府冀州新河县，迁居山东省济南府，编入明秀乡第八图居寨子庄。六世祖禄自大明嘉靖年间迁三德范"的过程。其中，在1930年第4次修订的《张氏族谱》中还出现了关于三德范村最早的村名"三霰坂"的记载。

与其他村落不同，三德范村的公共事务通常是由某一胡同(或称"巷道")的村民共同完成的，并不依靠宗族或村集体的力量。例如，同样是修路这样一件村庄内部的大事，在清末民初，相隔不远的三德范村、石子口村的处理方式就截然不同。从留存至今的碑碣"石麟居修筑碑"的记载来看，石子口村采用了"立义社"的阖村共建的方式，而三德范村却是以道路所在的西道巷为主体，胡同里的街坊们是道路修筑的主要力量。"石麟居修筑碑"碑文如下：

石麟居修筑碑

闻之，补筑而获令归之颂，荡平而免倾踬之患。故古曰履道，又曰除道，良有以也。吾巷东北，旧属山根，石磴错落，颇多凹凸。凡此巷往来者已□驻足而浩叹。

前道光十三年，有父老鸠众极力褒砌，但其时岁比不登，废于半途，而成功何日矣。幸兹政通人和，百废俱兴，故长者又复按地捐赀，比户上工，不数日告竣。是举也，不但壮壹巷之观瞻，而且□阖村之羽翼也。是为记。

里人单凤舞撰

醒来子单其昌书

施财 78 人(略)

首事 13 人(略)

道光三十年岁次庚戌季冬吉日

三德范村北的文祖村作为一个大自然村,由 3 个行政村构成。这 3 个行政村也有类似三德范村的巷道名称。但是与三德范不同,文祖的巷道或胡同只是地理方位的指称,并不对村落内部的公共事务产生实质性的影响。三德范村村民冯昭宝就说:

你别看北面文祖村也是分巷道,也有好几个村,但是人家的巷道和城里的街道一样,该怎么划分就怎么划分,和我们"一个巷道一伙人"不一样。①

时尚的胡同标牌

据说,从建村之日起,三德范的村民们就按家族迁徙的先后顺序分别住在 10 条巷道之中。今天,假如在日常生活当中,三德范的张三、李四因为庄大姓多互不认识,那么双方见面时能有效拉近距离的开场白一定是"你是哪个巷道的"或"你是哪个胡同的"。每条巷道居民的姓氏、家族并不统一,只看以姓氏冠名的巷道名称也不能确定巷子里该姓户数的多少。例如,张家巷确实张姓人最多,但金家巷却没有一户金家人了。东道巷、西道巷因处于古代交通要道的分叉口而得名。东沟巷则因紧挨老村的泄洪沟而得名。

从地理分布上看,以位于老村中央位置的玄帝阁为圆心,从东沟巷起,按顺时针方向依次为辛庄巷、单家巷、张家巷、太平街、西道巷、东道巷、金家巷、陈家巷、齐家巷、"大街"等,这样就构成了俗称"一街十巷"的村落框架和结构布局。

在三德范,"一根胡同一伙人"是实实在在仍在延续着的生活实践。

---

① 访谈对象:冯昭宝,男,三德范村人。访谈时间:2016 年 6 月 20 日。

玩纸牌的老街坊

以辛庄巷为例，巷内赵姓最多，宋姓次之，此外还有王、冯、李等姓。除了主要关涉家庭内部的诸如“升学酒”“祝寿酒”“温锅酒”等交往活动之外，从生产到生活，各种突发事件按惯例都在巷道内部进行回应和解决。在事件处置过程中，巷道内部的不同姓氏或族家都是平等的。在日常生活里，如果邻里出现纠纷，或者遇到婚丧嫁娶，人们首选的办法是请由巷道里德高望重的老人组成的“领头的”来商议处理。这种习惯不是一天养成的，许多分家、卖地、过继文书上大写的“街谊”从侧面说明了这种习惯的久远。如：

赵氏某族家过继书

立主祭人赵某某、赵某某：

为叔父凤凿生时有一子名叫齐子，不幸早亡。今叔父寿终尚缺子嗣，故邀请街谊、族人同议，将某某膝下乙子过继于齐子身下，祀祭日后乙子承祧为嗣。其田产祖业均归于乙子承祧，外弟侄不得争祧。此系各家情愿，并无异说。恐后无凭据，立券书为证。

街谊：李某钧。族人：赵某某、赵某某。

中华民国十七年(1928 年)季春

在日常生活当中,“某条巷道的头”是个不言自明的称谓,指的是胡同内部在某些民俗活动里起组织作用的领袖人物。成为“领头的”需要懂礼、有德行。此外,热心、掌握某种技能也是赢得认可和推选的重要因素。“领头的”完全是在日常生活中的观察、评价以及集体活动的磨合之中自然形成的,并没有特别的任命或交接仪式。在春节期间,三德范村的扮玩活动一般也由各条巷道的“领头的”领衔组织和统筹协调。

“一根胡同一伙人”的现象很特殊,没有人能解释祖先们为什么按巷道而居,且依巷道处理基本的公共事务。事实上,从巷道名称和姓氏、人口分布以及各家族谱记载的情况看,明清时期从北方各地迁徙而来的移民首先选择的应该是“聚族而居”的模式。从对民间文献的分析来看,历史上,村落的结构和组织形式与村落内部某些宗族的强大是息息相关的。

《齐氏族谱》记载:“齐氏始祖自冀州枣强迁居历邑县城东北之托寨。至第九世藻、修二祖又自小埠迁居三德范阁里东胡同。”①“阁”即玄帝阁,“阁里东胡同”即后来的齐家巷。从族谱记载的“阁里东胡同”到“齐家巷”的名称的转变过程,实际上也是齐氏家族迁徙、定居、分化、壮大的过程。这大概是大多数家族在三德范定居落户并发展壮大的一个缩影。

中华人民共和国成立后,从高级农业生产合作社到人民公社,再到家庭联产承包责任制,三德范都在事实上保留了以“巷道”为组织单元的自治机制。不仅生产队对土地的分包,甚至实行家庭联产承包都遵循按“巷道”划拨耕地的原则。当然,行政村的区划设置原则也是如此,每个行政村都以完整覆盖几条巷道的原则设立。由于村民们后来划分的宅基地源自可耕地,新建住宅的分布总体上还是遵循原有巷道的组织框架。从1949年前村域面积不到千亩,到20世纪90年代扩大为2400多亩,膨胀后的新村在原有组织单元的基础上实现了“整体迁徙”。村民们相信,即使是国家意志主导村落生活的集体化时代,三德范村的“巷道”也是无法动摇的组织单元。近年来,随着进城买房的年轻人越来越多,村里的新建住宅越来越少。人们认为,固有的“巷道”将来更不可能发生改变了。村民赵介平就说:

我们庄前后分了3次生产队,最多的时候分过44个生产队,分再多

① 张福经主编:《三德范庄志》,第68页。

生产队也是以巷道为基础。比如，我们辛庄巷当时200多口人分成两个生产队。后来解散生产队，划了4个行政村，但老百姓还是"认巷道"。为什么非得按巷道？不按不行，比如婚丧嫁娶这些事，各按各的来多少辈子了，打乱了顺序没法治。不管是以前还是现在，你就是毛主席也不能拗着来啊。①

三、"老祠堂"的谜团

在三德范，一处叫"老祠堂"的地方一直是人们心中解不开的谜团。据张福经老人回忆：

1912年以前，三德范庄建有很多庙宇，其中尤其以玄帝阁、姑子庵、禹王庙、龙王庙最为壮观。其中，玄帝阁位于全村的中轴线上，算是老村的核心位置。当时，玄帝阁的道士属于全真派，玄帝阁下一侧的西北方向有一个四合院，这里是道士们的住所，老百姓把这个地方称为"老祠堂"。

1912年以来，这个"老祠堂"先后做过庄内行政机构"公所"的办公地点，做过私塾、洋学堂，也做过卫生所，现在又改成了"石刻博物馆"。但是，我们三德范的老百姓还是习惯把这个地方叫作"老祠堂"。"老祠堂"是谁家的祠堂？里面供奉的是谁？这个谁也说不上来。我从年轻的时候就询问一些老人，写《庄志》的时候也专门询问过一些上了年纪的。但是这个谜团到现在也没解开。②

"老祠堂"
门口的楹联

祠堂，又称"宗祠""祠室""家庙"，传统意义上是家族成员祭祀祖先或先贤的场所。祠堂记录着家族的辉煌与传统，既是先贤的纪念堂，也是某个家族或杰出人物荣誉的象征与标志。据

① 访谈对象：赵介平，男，三德范村人，退休教师，辛庄巷扮玩"领头的"。访谈时间：2016年4月20日。

② 访谈对象：张福经，男，三德范村人。访谈时间：2016年5月21日。

笔者统计，章丘区目前保存相对完整的祠堂共有 6 处。它们分别是辛寨镇塘口村的纪氏祠堂、相公庄街道的李氏祠堂、官庄街道朱家峪村的朱氏祠堂、埠村镇埠东村的郭氏祠堂以及绣惠镇的两处祠堂——茂李村南的李氏祠堂和西关村的高氏祠堂。

在三德范，很多人的心中都保存着有关祠堂的记忆。如原位于单家巷巷口南侧的单氏家庙虽然现在已难寻踪迹，但很多老人至今还记得它的模样。

据老人们讲，单氏家庙是村内的单氏家族供奉祖先的地方，始建于 1910 年，由单氏第十世孙单起瑞士绅兴建。根据《单氏族谱》的记载，单起瑞出生于清道光十七年（1837 年），是光绪年间的秀才，也是单氏家族唯一的进学文士。他在 74 岁时，首倡义举，率族人修建了单氏家庙。

视察报告

视察第三学区南罗庄初小报告　教育委员刘木一

视察年月日　二十一年四月二十三日

校舍整潔，亦[illegible]清潔，教室光線尚可，空氣欠流通；應設法加闢窗[illegible]，以通空氣，教員劉德田 老誠謹慎，學亦熟用，服務積極，二年以來，尚稱順利，視察時適值該員上國語班，分組教學，大致合法，惟不熟習注音字母，實一缺點，出席學生三十八名，管理員張宗陽 ，生頗熱心，殊堪嘉許！

改進意見：教員劉德田 應速對於注音字母研究熟習，以便教學，

視察第四學區田廣莊初小報告

……級生新設，範講課文，頗稱明晰，惟提示生字，無注音符號，殊屬非是，已面令該員從速研究國音字母，以便教學，出席生三十名，安心教誨，頗守規則，

視察第四學區三德範初小報告　教育委員[illegible]

視察年月日　二十一年四月十[illegible]日

校設於公祠第一教室容學生八十餘名，校舍頗爲宏大，教光均甚合度第二教室較第一教室，容積狹小，而氣光亦好，惟附教室之距離，僅隔三四步，極形狹小，然校校址爲地勢所限，亦不再行改造，教員馮汝明 年富力強，學識頗好，服務該校前後共九年，所教頗有成績可考，應予嘉獎，教員陳進水 少年老成，服務維護，亦堪嘉尚

七

民国时期文献里的“老祠堂”

民国时期，这座单家祠堂在乱世里逐渐衰败，祭祀活动终止，房屋也最终坍塌。到了 1949 年前后，有人在原先祠堂的位置兴建起了民宅。

那么，众说纷纭的“老祠堂”到底是三德范村谁家的家庙呢？

2016 年夏，带着对“老祠堂”的疑惑，笔者走进了山东大学图书馆。令人感到意外的是，笔者在“晚清期刊数据库”里竟然检索到了一则民国时期教育督学巡视三德范村的工作汇报。在这则报告里，“老祠堂”的神秘面纱被揭开了：

视察第四学区三德范初小报告

教育委员　宁延祚

校假戴公祠第一教室，容学生八十余名，建筑颇为宏大，气光均属合度。第二教室较第一教室，容积虽小，然气光亦好，惟两教室之距离，仅隔三四步，极形狭小。

该校校址为地形所限，亦不再行改建。教员冯汝明年富力强，学识颇好。服务该校前后共九年，所教颇有成绩可考，应传令嘉奖。教员陈连水，少年老成，服务维谨，亦堪嘉尚。视察时出席生，两教室共一百三十二名，时值该员上国语班，冯教员口齿清利，讲解透彻，陈教员讲解清楚，教法亦合。管理员王维翰系义务职，常川住校，诚心办学，不遗余力，殊不多得，颇堪嘉许。

视察年月日　二十一年四月十三日[①]

许多老人证明了这则历史档案的真实性。“冯汝明”“陈连水”等教员是很多老人熟悉的“教书先生”。重要的是，这则资料第一次将“老祠堂”的身份指向了“戴公祠”这个名字。包括张福经在内的很多老人都相信“戴公祠”就是“老祠堂”的本来面目。三德范没有“戴”姓，在村落如此核心的位置，“老祠堂”供奉的不是村内任何一个家族的祖先，这也符合这个多姓村村民的文化心理。

可是，“戴公”又是谁呢？现在它又成了很多村民讨论的新话题。

---

① 宁延祚：《视察第四学区三德范初小报告》，《章丘县教育月刊》1932年第18期。

第四章
靠山人家讲究多

三德范人经常说，我们三德范是真正“看得见山，望得见水”的靠山村庄。特殊的地缘结构、经济结构和文化传统造就了三德范人朴实、倔强、勤俭、实在、尚美的文化心理。

与此同时，自古就是“大村”“富村”“文化村”的特质使得三德范村一直传承着“立规守德”“知书达礼”“耕读持家”的文化传统。这些文化传统被三德范人总结为“讲规矩”“讲礼数”“讲孝道”。这些“规矩”“礼数”既记录在三德范村保存至今的许多民间文献里，又体现在村民们的衣食住行、人生仪礼、民间自治等生活实践中。

一、衣食住行

从日常生活的角度看，三德范人“有滋有味”的生活文化首先体现在衣食住行上。

不管时代怎么变化，三德范人认为“穿衣戴帽还是要讲究结实、朴实、大方”。据老人们回忆，20 世纪 50 年代之前，村内除少数富人穿得起绫罗绸缎和“洋布”以外，村民们都用自家织的“土布”做衣料。至今，很多中老年妇女还能熟练地操作脚踏提综的斜织机。这种斜织机有一个机架，经面和水平

的机座成56°的倾角，采用脚踏提综的开口装置。织布时，人坐着操作，手脚并用。床单、被罩、衣裳等都可以通过妇人的辛勤劳作生产出来。以前，人们穿的衣服颜色较为单调，以黑色、深蓝色和浅蓝色居多。中华人民共和国成立后，颜色逐渐多样化。

日常生活里的织布机

20世纪60年代，平面布、斜纹布、卡其布和华达呢很受人们喜爱。颜色上，灰、蓝、黑的色调居多，阴丹士林色最为流行。“文化大革命”期间，草绿色是村里的流行色。到了20世纪70年代末，各种化纤布料渐趋流行，并逐步代替了棉布。改革开放后，村民们的衣着从款式到色彩都变得多样化了。总体来看，三德范人的穿着还是有规律可循的。

张福经老人为编纂《三德范庄志》，曾悉心梳理了20世纪50年代以来三德范人在服饰、饮食以及生活礼仪方面的变化。20世纪50年代，在较为和煦的春夏时节，三德范的男人一般穿粗布对襟褂、大裆裤。如果遇到大风天气，还会戴平绵卜瓜皮帽、棉帽或毡帽头。孩子们则不论男女，大都戴着“马虎帽”，只是女孩的帽缨更鲜艳些。当时，几乎所有的衣物都是村民们自己动手裁制的。

冬日里祖孙三代的穿戴(拍摄于 2015 年)

从男人服饰的变化情况来看,20 世纪六七十年代,三德范的青年男子一般穿斜纹学生装、国防服,中年男子则穿中山装;有的人在冬季外穿“列宁服”样式的小大衣。无论男女青年,大都戴着带有军人气质的“黄军帽”。到了 20 世纪 80 年代,夏季,中年男子多穿花衬衫、T 恤衫、化纤直筒裤;一部分时髦的小青年还穿“喇叭裤”。牛仔服、夹克衫、弹力裤也是这个时期的流行服饰。老年人也与时俱进,此时多戴毛呢料的鸭舌帽及各式绒线帽。20 世纪 90 年代,染发、烫发等时髦的打扮方式出现。除了老派的男人们还经常穿中山装,村民们整体的着装已经与城镇居民相差不大了。张福经老人回忆说:

> 戴什么样的帽子很能反映三德范人这几十年的生活变化。在 20 世纪 60 年代前,老百姓下地干活要戴高粱秸皮编的草帽,以防晒防雨。70 年代以后,戴用竹子皮或者麦秸编制的大圆帽。等到 80 年代上坡下地,那些年轻的村民就有戴太阳帽的了。今天,戴太阳帽、太阳镜,骑着摩托车、电瓶车、三轮车去劳动,已经成为普遍现象了。①

从女人服饰的变化情况来看,中华人民共和国成立前,三德范的妇女们一般穿自制的粗布大襟褂、大襟袄、大裆裤,扎腿带。衣服的样式宽长肥大。中华人民共和国成立之初,青年妇女多穿花布对襟褂、便裤,中老年妇女则

① 访谈对象:张福经,男,三德范村人。访谈时间:2016 年 5 月 21 日。

仍穿大襟袄、大襟褂。中青年妇女多戴用自织的印花布裁制的包头巾，老年妇女则多戴用布缝制的、可以从额头上方围到脑后的半圆形帽箍和绒帽。20 世纪 60 年代，中青年妇女冬季开始在粗布棉衣外罩斜纹布制服外衣，内穿衬衣、衬裤，有的还外加蓝色短棉大衣。春、秋季则内穿绒衣、秋裤，外着制服、工装外衣。这段时间，各色机织线头巾成为中青年妇女较为流行的头饰。改革开放后，随着生活水平的提高，三德范的妇女们渐渐舍得购买成品衣，所穿衣服的款式、布料开始朝着城市化、多样化、多彩化发展。中青年妇女流行围纱巾。毛线编织的各式便帽也成了常见服饰。在夏季，青年女性多穿各式的确良布裙装，中老年女性的着装也渐渐向类似款式靠拢。20 世纪90 年代，曾有很长一段时间，人们习惯在春、秋季穿自织的毛衣、毛裤；冬季则除穿毛衣、毛裤外，再外穿呢子大衣、面包服等。而今天，三德范青年女性的衣着、饰品已经基本实现了“城市化”，从总体上来说，即使与省会济南相比较，也区别不大了。

鞋子的变化尤其能反映出三德范人在服饰穿着上向现代化、时尚化发展的趋势。中华人民共和国成立前，三德范的男子多穿圆口粗布鞋，春、夏、秋三季一般不穿袜子。到了冬季，则普遍穿自制的棉布鞋和布袜。妇女一般用长布条裹脚，穿尖口布鞋。家庭富裕的则穿缎面绣花鞋、“洋线”袜。很多老人至今还习惯在深秋季节，抽时间亲自做一双老棉鞋。她们认为自己做的棉鞋暖和、结实、耐穿。有老人回忆说：

> 天气凉了，地里活不多就做棉鞋。做棉鞋要用新棉花、好棉花。做鞋底要先将旧布一层层地用熬好的糨糊粘连起来，经过晾晒制成“袼褙”。“袼褙”打好了就要找个好“鞋样子”剪成鞋底的样式。之后，用白布条包好边，一层层叠起来，再用麻线、锥子密密地扎眼、纳结实。这就是老百姓俗称的“千层底”了。①

从 20 世纪 60 年代起，三德范人多穿松紧口塑料底布鞋或球鞋、解放鞋，穿粗布鞋的村民逐渐减少。到了 20 世纪 70 年代，人们夏天多穿塑料凉鞋、尼龙袜，冬天则多穿系带或圆口棉鞋。而到了 20 世纪 80 年代，随着生活水平的提高，中青年男女穿皮鞋的越来越多。鞋作为服饰的一部分，最终跟着三德

① 访谈对象：张福经，男，三德范村人。访谈时间：2016 年 5 月 21 日。

范人一起走进了时尚化、现代化的新时代。

饮食方面，中华人民共和国成立前，村内以地瓜、玉米、谷子、高粱等为主食，以大豆、绿豆等小杂粮为副食，小麦制品、豆制品则只在节庆或待客的重要场合才食用。遇到灾年，人们常以谷糠、野菜充饥。20 世纪 50 年代，虽然小麦产量增加，但仍然以玉米、谷子为主食。而在 1958～1978 年的 20 年时间里，人们的一日三餐则几乎都是以地瓜为主食。特别是在 1960 年初，由于天灾人祸，不但玉米、谷子等作物减产、绝产，地瓜产量也很低，地瓜秧、地瓜叶都成了果腹的食物。经济联合社的干部冯昭宝出生于 20 世纪 60 年代，关于地瓜的记忆，几乎是他对特殊历史时期的食物的所有印象：

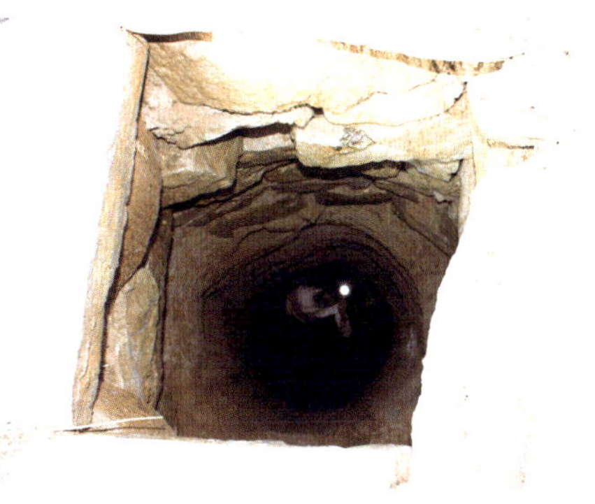

储藏地瓜的“窨子”

> 现在看你们年轻人花钱买地瓜当作小吃、零食，我们这代人很不理解。年轻的时候，我们几乎是月月吃地瓜、天天吃地瓜、顿顿吃地瓜。像地瓜干、地瓜叶、地瓜秧都吃过，蒸的、煮的、烤的，做成干、磨成粉、和成面的也都吃过。当然了，比起“三年自然灾害”时吃榆树叶、杨树叶，吃地瓜也算是不错的。但是这东西偶尔吃几顿没问题，吃多了可不行，不但伤胃，也不撑时候(即容易饥饿)。在那个年代，我们吃地瓜都吃伤了。现在别说吃地瓜，看到地瓜、想到地瓜嘴里都流酸水。①

随着改革开放事业的全面开花，三德范人逐渐富了起来，小麦制品成为主食，玉米及其他杂粮下降为辅食。如今，像临近的城镇居民一样，馒头是三德范人三餐的主要食品。

不过，在三德范人看来，不管生活水平提高到什么程度，各家自制的煎饼、窝窝头、咸菜、小豆腐、捻转、茶汤等传统食品仍然有它们独特的风味。因此，有些村民还是会让主妇们亲手制作一些，也算是在味蕾里寻找那些远

---

① 访谈对象：冯昭宝，男，三德范村人。访谈时间：2016 年 6 月 10 日。

去的岁月吧。

煎饼 将发酵后的玉米面、小麦面、地瓜面等调成糊状，摊烙成圆形、薄片状的食品，就是煎饼。相传，煎饼起源于鲁中地区的泰安市，因口感好、易储存而成为鲁中、鲁西南等农村地区的传统主食之一。在20世纪70年代之前，煎饼同样也是三德范人的主食。做煎饼前，主妇们先把玉米、高粱、谷子等碾成糁子，经过一段时间的浸泡后，再在水磨上磨成沫子。煎饼制作的主要环节是在烧得火热的鏊子上完成的，这个过程叫作“摊煎饼”。摊煎饼一般需要两个人协作，不过熟练的主妇一个人也可以完成。摊煎饼时，如果是两个人，则一位负责往鏊子底下添加柴火以及摆放摊制好的煎饼，另一位负责用勺子从盆内舀起沫子，将其倾倒在鏊子上刮摊。一张煎饼的摊制过程只需要短短的一两分钟，所以主妇不但要动作迅捷、眼疾手快，而且还得拿捏好手劲和火候。在三德范，能否把煎饼摊制得厚薄适中、颜色到位、爽脆可口，是评判一个妇人是否合格的重要指标之一。

摊煎饼

做煎饼的食材可以是一种粮食，如玉米、小麦、地瓜等，也可以是按不同比例混合搭配起来的多种粮食。在以地瓜为主粮的时代，村民多吃“滚煎饼”，也就是将地瓜干磨成细面，再用水和成面团，最后在烧得火热的鏊子上滚制而成的煎饼。如今，很多老人仍喜欢吃玉米面制作的煎饼，但因制作程序繁复，多数乡民已经没有时间亲自制作，只好从市场上买些机器加工的煎

饼。虽然口感一般，但聊胜于无。

窝窝头 窝窝头的形状像一座小山，底盘凹空形成一个窝状，故而得名。在三德范，用传统手法制作的窝窝头，小的三四两，大的超过半斤，口感筋道。旧时，在庄稼收成好的年份，窝窝头一般为玉米、高粱、谷子、地瓜等粗粮磨成面粉后混合制成。搭配的比例既要考虑口感，更要考虑尽可能地节省紧缺的粮食。在以地瓜为主粮的年代，村民们则常食用以地瓜面蒸做的窝窝头。

灾荒年代，能吃上地瓜面制作的窝窝头就算不错了。这种年景，人们一般会掺入谷糠、野菜、树叶等做成糠窝窝、菜窝窝，以填饱肚子。如今，除了城市里的大饭店将窝窝头作为一种绿色有机食品来销售以外，三德范人已很少将窝窝头摆上餐桌了。毕竟，除了口感较差，窝窝头也承载了太多沉重而苦难的生活记忆。

咸菜 三德范人与其他山东农民一样，在长期的生活实践里摸索出了一些腌制咸菜的方法。一直到今天，咸菜还是很多村民一日三餐常吃的小菜。在20世纪80年代之前，每年秋后，三德范人家家都会用大缸腌制咸菜，腌这一次够吃一年。腌制的咸菜主要是水萝卜、胡萝卜等。在日常生活里，三德范人还会根据时令，随时采摘、腌制新鲜的香椿芽、豆角等蔬菜。20世纪80年代以后，农户们经常从集市上选购辣椒、大蒜、黄瓜等进行腌制。在田野调查中，许多村民还兴致勃勃地表演起炒制"现代版"小咸菜的过程。大厨张烈民、联合社干部袁长国等就擅长用干辣椒、肥五花肉、菜椒、香菜根、芹菜等炒制小咸菜。简单的食材经过一番爆炒，就变成了辣中有香、肥而不腻的开胃小菜。

小豆腐 豆腐是三德范人最常食用的豆制品。20世纪70年代之前，豆腐多是自做，平时一般人家食用较少。但每逢春节，家家户户都会做豆腐、"生"豆芽，以准备好"年菜"，这种习惯一直延续到今天。三德范村最有特点的豆制品是小豆腐。小豆腐又叫"渣腐子"，分为干黄、湿黄两种：前者用豆面配着各类蔬菜做成，很有嚼头；后者则用豆浆加菜配制而成，汤多味鲜，既能吃又能喝。本着"因地制宜，就地取材"的原则，当地可以用来做小豆腐的蔬菜有很多，如小白菜、胡萝卜苗、大萝卜缨子等，就连锦屏山脚下盛产的苦菜、车前子、青青菜、蒲公英等野菜也可以。在张福经老人看来，用苦菜做的湿黄小豆腐口感最佳。

称豆腐

捻转与饸饹 取适量颗粒饱满的八成熟麦穗，放在锅里蒸熟，晾晒后，搓掉麦糠，用簸箕簸净，然后在水磨上磨成长短不等、比筷子稍细的圆条，就是捻转了。捻转的特点是既可以直接食用，也可以配着佐料凉拌，口感清香，有嚼劲儿。

饸饹是在以地瓜为主粮的年代，三德范及附近几个村庄的人们经常食用的小吃。制作时，先把加水后的地瓜面和成软硬适度的面团，再烧一锅水，并将一个特制的"擦床"横担在锅沿上。待锅内的水烧开，一手扶着"擦床"，一手把面团放在"擦床"上用力搓压。就这样，圆条状的饸饹条直接落入锅内，等煮熟后捞到凉开水里冷却一下，就可以配着菜汤或蒜泥大快朵颐了。

茶汤 春节前后，三德范人还要喝茶汤。将小米用水淘过、晾晒后，用石碾碾成"细面"，再放到锅里面炒熟，就制成了"茶汤面子"。20世纪90年代，村内还保留着在腊月二十三这天用掺着菠菜、豆腐条的茶汤供奉灶王爷的习俗。

在饮食文化上，三德范人很注重家庭宴席的礼仪。村内的家庭宴席，一般分大席、行席两种。定亲、结婚、招待贵客（男宾）要用大席，招待一般客人、女宾则用行席。最近几年，随着生活水平的逐步提高，在为老人祝寿、为小孩过"六日"、春节团聚等特殊日子，村民们也用大席，且不再坚持"女人不上席”的做法。

大席　大席意味着即使是在生活困难时期，三德范人在招待客人上也用了最高、最讲究的标准，主要表现为菜品做工精细、礼仪程序繁多和待客热情周到。虽然各家的菜品种类不尽相同，但大席必有“三大件”或者“四大件”，这是衡量大席档次的主要标准。张福经老人以三德范人的传统婚宴为例，介绍了大席的程式：

> 客人入座后，主人先上烟、茶，稍一寒暄，就会端上热腾腾的水饺。宴席正式开始之前先吃水饺，这是山东很多地区都没有的风俗。在三德范人看来，宴饮正式开始前请客人先吃一盘精心准备的水饺，既能表示对远客的心意和敬意，又能让远客“垫垫肚子”，为接下来的饮酒做好充分准备。水饺端上后，还会端上4个（或8个）盛有干鲜果品的“压桌碟”，让客人喝点酒精度不高的“甜酒”。如果是“三大件”的宴席，甜酒品完，接下来要上4个炒菜、4个炸菜和4个凉菜。每上4个菜，就要跟上1个“大件”。这“三大件”分别是全肘（或碎肘）、整鸡、清氽丸子。如果大席的档次再高一级，那就是“四大件”，即除了前述的3套菜品以外，还要再增加4个海菜和1个“大件”——整鱼。①

具体说来，完整的以“四大件”构成的宴席被称为“四四席”，包括4个“大件”和4个炒菜、4个炸菜、4个海菜、4个凉菜，以及由果脯、干果、水果等组的“四鲜四干”的辅菜。其讲究之处在于，每次上菜都是以“4”为单位。精通农家菜手艺的张烈民老人介绍说：

> “四大件”，就是整个肘子、整只鸡、整条鱼和清氽丸子，这是三德范村待客的基本桌席。“四四席”上菜时很讲究顺序与搭配。在开席之前，主家会给各桌上一道小菜，叫作“压桌碟”。接着上第一个“大件”肘子，配“四炒”，就是4个炒菜，比如芹菜炒肉、鸡蛋木耳等。第二个“大件”是整只鸡，要配4个炸菜，如炸肉、炸鱼等。第三个“大件”是整条鱼，要配4个海菜，海菜就是海里的东西，像海蜇、鱿鱼、虾等。第四个“大件”是清氽丸子，配“调菜”，就是凉菜，如调黄瓜、调冬笋、调腐竹等。
>
> 炒菜、上菜都是有顺序的……芹菜炒肉、木须肉必须放前面，因为

① 访谈对象：张福经，男，三德范村人。访谈时间：2016年5月25日。

这两个菜比较精致，看起来好看。①

上炒菜后，饮酒才算正式开始。此时，主人要将酒精度不高的甜酒换成酒精度在40°左右的白酒。碰杯、干杯的次数、频率和节奏都有讲究。饮酒的过程中，主人专门邀请来的“陪酒”（或称“陪客”）会为客人斟酒满茶，且不时用热情恳切的话语劝客人多饮几杯。等最后两个“大件”呈上时，才轮到主人的家人（长辈或兄弟辈）分别到席上劝酒，他们每人要劝两次酒，每次劝酒时还要再上劝酒菜两个。劝酒菜可以做得稍简单一些，多是香肠、火腿、松花蛋等。等主人家劝酒告一段落，宴席进行到中后场的时候，最后上的几道菜大家都先不动，而是端给厨师，由客人的代表去给大厨敬酒，以此表示对厨师的感谢。有的主家还会带上一条烟和两瓶酒。这时候厨师一般会把烟和酒留下一部分，把那几道菜再端给客人享用。

客人席间向大厨敬酒

在各种劝酒仪式全部结束以后，才可以停止饮酒，端上汤菜和馒头让客人吃饭。酒足饭饱后，撤掉残局，泡上一壶茶水，闲聊几句，直到宾客起身告辞，一场大席才算真正结束。

此外，据村里李景兴老人讲，三德范村旧时还曾流行“两半截子”席。这种宴席分为两部分。在“四大件”吃完后，主家会将其撤掉，上一盘豆腐和一碗水。这一块豆腐并不是吃的，而是插筷子、洗筷子用的。客人们把筷子在

① 访谈对象：张烈民，男，三德范村人。访谈时间：2016年12月10日。

豆腐上插一下，将油渍去掉，然后再在水里涮一下，筷子就变得干净了。涮完筷子之后，后半截的宴席才会开始。继续上的这桌席就简单了，一般“两大件”就可以了。有的外村人不知道这种讲究，以为豆腐是吃的，常闹出笑话来。

还有的“两半截子”席则是在第二个“大件”上桌后，端上一碗尖锥形，上覆白糖、核桃仁、青红丝的大米饭。客人们将米饭分吃后，桌上的所有餐具、菜品全部撤掉。待客人稍事休息，再继续上菜开席。

行席 在三德范，行席是接待标准仅次于大席的宴席。大席的规格较高，主要体现在“四大件”上。行席的规格偏低，主要表现为只有“两大件”。具体说来，就是客人在行席上享有“两大件”和“四顶四”（即 4 份用盘盛的菜和 4 份用碗盛的菜）的礼遇。除了菜品略简化以外，行席在用餐、劝酒的礼仪、节奏和程序方面与大席几乎一致。

三德范人非常讲究“待客之道”，座次安排、斟酒、劝酒等都十分强调规矩和礼仪。在山东，农家人的会客厅和餐厅往往都是堂屋，三德范村也不例外。无论是传统的四合院还是带有现代气息的“锁皮屋”，堂屋几乎一律坐北朝南。宴饮前，在正对堂屋门口的地方会摆放一张八仙桌，桌子的北侧抵着墙，东、西两侧各摆放一把坐北朝南的官帽椅或圈椅。东侧这把俗称“上首椅”，也就是主宾坐的位置；西侧这把俗称“下首椅”，也就是副主宾坐的位置。只有有资格坐这两把椅子的客人落座后，其他客人和陪客才会在寒暄一番后依次落座。推杯换盏的间歇，主人要及时给客人斟酒。无论斟酒还是敬酒，客人的酒杯一定要倒满。敬酒数得是单数，一般为 3 个。为什么要以 3 计数呢？村民张万运解释说，之所以是 3 个，是因为有个说法叫“桃园三结义”，这样是为了增加感情。喝酒之前，主家一般会先上水饺、面条、糕点等食物，不让客人喝空腹酒。如果要向客人劝酒，那么劝酒人需要自己带酒、带菜，并且劝酒一定要劝 3 次。

三德范的民宅建筑和居室环境在过去的百年间也经历了几次转型。中华人民共和国成立前，村内只有少数几座地主才住得起的四合院，绝大多数村民只能修筑草屋居住。中华人民共和国成立后，大多数村民住由土坯垒就、麦秸秆覆顶的土屋，睡土炕。土炕一般都是在卧室的一侧靠山墙“盘”（砌筑）起，上铺干草、苇席、褥子，少数人家还在苇席上铺毛毡。冬季，人们常

老巷道内的传统四合院

盖印花土布棉被。夏季天热，就盖一块“布条”(被面或被里)。因靠近大山，夏季蚊虫多，条件好点的人家会挂上蚊帐防蚊，贫苦人家则只好点燃香蒿绳、松荆叶来驱蚊。由于建房不易，每户人家的居住面积一般都很小，幼年子女大多与父母挤在一起睡觉。村民李景兴回忆说：

> 特别是在“文化大革命”前，由于卫生条件改善了，出生率增加，死亡率下降，国家当时也没有实行计划生育政策，所以全村人口增长很迅速。按照当时的政策，不能随便划分宅基地，一户人家的标准宅基地面积只有225平方米。所以一家人原先是三口、四口，现在变成了八口、十口，这个家庭还得挤在一个老宅子里。白天还好说，到了晚上睡觉就很成问题。我们有一户村民，睡觉的卧室实在是挤不下了，几个孩子又越长越高，个头最高的孩子到了晚上睡觉都伸不开腿。没办法，就只能在墙上挖一个洞，晚上睡觉的时候把脚丫子搁到洞里去。那个年代的住宿条件就是这样。①

改革开放以前，居室内不仅空间逼仄，摆设、布局也比较凌乱。三德范人习惯在屋炕前用泥土砌一座火炉，在冬天的时候用来取暖、烧水、做饭。

① 访谈对象：李景兴，男，三德范村人。访谈时间：2016年5月25日。

但是这种自制的土炉没有烟囱，因此屋内经常烟雾缭绕。到了夏天，除了蚊虫肆虐，室内还非常阴暗潮湿，通风、采光都成问题。夜晚降临，屋内经常有老鼠出没，苍蝇、蚊子、臭虫、跳蚤也随处可见，卫生条件非常差。

20 世纪 70 年代以后，大部分家庭的土炕、土炉才逐渐被拆除，铁床、木床和砖砌的取暖炉开始出现，火炉上也装上了能通向窗外的用黏土烧制的烟囱。多数家庭开始安装玻璃门窗，室内的泥土地面改为砖铺地面，居室环境逐步得到改善。

20 世纪 80 年代以后，挤在一起居住的家庭成员可以自立门户了，每家都能批得 176 平方米的宅基地。新建、翻盖房屋时，茅顶土屋的建筑样式被淘汰，一种被称为“锁皮屋”的建筑样式逐渐被村民们广泛采用。所谓“锁皮屋”，其房屋整体呈长方形，主房（堂屋）居中 3 间，前接廊厦，两侧为东、西配房，配房门口相对。主房一般用作客厅，两侧的配房一般用作卧室或储藏室。这种住宅样式从 20 世纪 80 年代中叶开始流行，一直延续到 21 世纪初。

从 20 世纪 90 年代起，随着市场经济的发展和城镇化进程的加快，很多家庭兴建起“小洋楼”。小洋楼为上、下两层，既扩大了使用面积，也彰显了气派，一般楼上用于居住，楼下则开设店铺或对外出租。屋内的陈设也越来越现代化，电灯、电话、电视、热水器、煤气灶、电热锅等一应俱全。

洋气又不失传统的现代家居

时至今日，正如前文所描述的那样，在村内新建房屋的居民越来越少。中老年人大多守着老宅。年轻人，特别是到了嫁娶关口的年轻人，则大多把安置新家的目标放在了章丘城区里的商品房上。

中华人民共和国成立以来，三德范人的交通工具或者说代步工具也发生了很大的变化。20 世纪 70 年代之前，三德范人出远门主要靠一双腿。如果不是出于运输的需要，很少舍得用牛、马作代步工具。

20 世纪 70 年代末，三德范人购买过“金鹿”“凤凰”“永久”“飞鸽”等品牌的自行车。当时自行车需要凭票购买，三德范人能够买到自行车的屈指可数。到了 20 世纪 80 年代，自行车的供应量、品牌增多，全村 90%以上的家庭都拥有 1 辆或多辆自行车。不但如此，各类款式的摩托车也开始进入家庭生活。1987 年 3 月，三德范经济联合社还购置了村庄历史上的第一辆轿车——北京吉普。到了 20 世纪 90 年代，随着村办企业、个体企业的兴起和发展，桑塔纳、面包车在三德范越来越常见。在 2003 年，包括出租车在内，三德范全村共有各类轿车 25 辆。如今，三德范几乎家家都有电瓶车、三轮车，拥有小轿车或者面包车的家庭也日益普遍。

二、人生仪礼

“一方水土养一方人。”三德范地处齐鲁之要塞，章莱通衢之要冲，庄大姓多，有着“一街十巷”的格局，其风俗习惯的形成与其地理位置有很大关系。鉴于风俗涉及面较广，本书单就三德范人的人生仪礼略作梳理。

（一）婴儿诞礼

孩子作为家庭的希望、情感传递的纽带，在任何一个地方的家庭中都受到高度重视。

重禁忌　在三德范，对小孩子的重视和保护在孩子出生前就开始了。在女人怀孕期间，有很多讲究，表现在饮食上，就是忌食兔肉和鱼肉。据金家巷的阚昌娥说，孕妇吃兔子的话，生出来的婴儿会有“兔唇”，也就是三瓣嘴、豁子嘴；而如果吃了鱼，生出来的孩子也不健康，会浑身长“鱼鳞”。这些说法并没有科学依据，但当地孕妇出于保护孩子的心理，一般都忌食这两种肉食。

饴含抱孙

贺新生　得知婴儿出生后，亲朋好友尤其是产妇的娘家人要在某一特定的日子里去探访产妇和孩子，说一些吉祥话，庆贺新生儿降生；主家需要在这一天请来厨师，开酒席宴请宾客，俗称“做日子”。在三德范，“做日子”多选在新生儿出生后的第 6 天、第 9 天或第 12 天，主要是挑个吉利的数字。其中过六日、九日的居多，具体日子根据产妇和孩子的身体状况来定。

主家在这一天需要置办酒席，宴请亲戚朋友及街坊邻居来家中“坐席”。来客一般都会准备一些礼品或者礼金。以前，产妇的娘家人还得送盒子过来，盒子的底部装有米、面、馒头、点心等，上面还会放一些鸡蛋，由两个人抬着前往庆贺。现在，这一风俗已经发生变化，亲戚朋友大都直接给礼金。由于关系的远近亲疏和经济状况的不同，所给金额没有定数。也有给孩子送衣服、鞋袜、玩具等的。至于街坊邻居，可以准备礼金，也可以什么都不拿，只来家中坐席，图个热闹。在接下来的十六日、十八日，产妇的娘家还会来人探望小孩儿，但是主家不再置办酒席。

过满月　关于给小孩儿过满月，村里有几种不同的说法。据金家巷的阚昌娥说，在孩子出生满 1 个月的当天，家中会给孩子“过满月”。“过满月”跟“做日子”一样隆重，孩子的父母也会邀请亲戚朋友来参加。在这一天，一般孩子的姥姥那边的亲戚会给孩子买些衣服，孩子的奶奶这边的亲戚则给孩子钱；此外，孩子的姑姑还会给孩子买长命锁和银镯子，以保佑孩子健康

成长。东沟巷的王传栋老人则表示，满月那天产妇要带着孩子回娘家，而且如果当天不回婆家，就必须在娘家住满 10 天。而西道巷的王传会老人则说，在三德范，小孩儿的满月现在基本不过了。之所以存在几种不同的说法，一方面可能是因为三德范庄大姓多，各巷道的习俗有差别；另一方面则可能是因为涉及习俗在时间上的变迁。

孩子体现了村庄的活力

周岁生日和“抢生日” 在孩子 1 周岁生日这一天，主家要摆酒席宴请亲戚朋友。来客会送孩子衣服鞋袜或者直接给礼金，祈祝孩子健康成长。过去，家人还会在孩子过周岁生日的时候给孩子举行一个“抓周”仪式，即在堂屋的八仙桌上放上笔、算盘、玩具等让孩子伸手去抓，以“预测”孩子日后的职业。有村民说，现在“抓周”已经不限于孩子周岁当天，平常空闲时也会让孩子“抓周”。

近年来，在三德范村流行给小孩子过“抢生日”，即提前 1 个月过周岁生日。过“抢生日”的仪式与过周岁生日相仿。王延训解释说，近五六年流行过“抢生日”是因为人们的经济条件变好了，以前并没有这样的风俗。而辛庄巷的赵景华老人则说，过“抢生日”是为了表达家长高兴的心情以及对孩子的疼爱。根据家庭情况的不同，有的家庭周岁生日和“抢生日”都过，有的家庭则只给孩子过周岁生日。

取名 名字不仅寄托着长辈们的宠爱和期望，而且还是一个新生命作

为个体存在于家庭、村落、社会的标签，代表着一种身份认同，通常取名字都是一个较为严肃和讲究的事情。据赵世英夫妇说，三德范的小孩子大多有乳名，乳名可以随便起，只要不妨碍别人，不和长辈重名就行。起了乳名之后会再起学名，学名则必须按照辈分起。不过，孩子上学之后，学名经常省略掉代表辈分的那个字，简化成两个字的名字。比如，赵凤贤老人的儿子是十八世“来”字辈的，他族谱上的名字是赵来强，户口本上的名字却是赵强。

（二）嫁娶仪礼

三德范素有“好闺女不出庄”的说法，指的是在以前，因为三德范庄大姓多，经济条件相对优越，女孩子找对象一般都在本村找，甚至在本巷道找，大部分都不会嫁到外村去。如今，由于社会观念的转变和外出求学、工作等原因，三德范年轻人的婚嫁范围早已是天南海北。

以前，虽然三德范的姑娘嫁得近，甚至“不出巷”，但她们的婚嫁规矩并不少。一桩婚事，经过提亲、换号、送柬、送箱子、迎亲叫门、婚礼、五服贴喜、认家、上喜坟、回门等诸多仪式和程序后，才算真正完成。下面，我们以婚礼前、婚礼中和婚礼后三个阶段为时间节点，详细地介绍一下三德范这些不出庄的闺女是怎么嫁人的。

1. 婚礼前

提亲　媒人提亲如今已成为一个礼节性过场，年轻人在自由恋爱后有意结婚时，只需找个在两家都能说上话的熟人，义务地介绍一下双方的情况，就算礼成了，已很少存在请专门的媒人来说亲这种情况。但现年50岁以上的中老年人的婚姻却基本都是由媒人帮忙撮合的。当男方对女方有意时，须请媒人上门说亲。媒人一般要去三趟，因为女孩子比较腼腆，大多会在媒人第一次上门提亲时说“俺不找”。这个“俺不找”并不意味着不同意，而是表达自己腼腆的一种方式。在媒人第三次登门询问女方意见时，如果女方对男方有意，多会以“不吱声”代表同意，稍大方些的则会口头同意。至此，算是说亲成功。媒人通知男方这一消息后，双方就可以着手准备后续的相关事宜了。在媒人提亲的时候，男方一般不准备礼物，只有女方对婚事有意时才会准备。由于以前三德范缺水，而只有经济条件较好的家庭才修建得起旱池，所以在媒人说媒时，有无旱池通常也是女方考量的一个因素，有

旱池的人家的孩子往往更容易找对象。

换号 男女双方基本同意婚事后，会请算命先生根据双方的属相、生辰合婚。如果算命先生认为双方无犯大忌，互不相克，就算“宜谅”。在算命先生认可后，男女双方即可换号。换号是男女双方各自在红纸上写上自己父母和祖父母的名字，男方写好后由媒人带给女方，然后媒人再将女方写好的号帖子带回交给男方。换号的意义就是让男女双方家长相互认识一下，同时表明其晚辈现在定亲了。在这个过程中，男方是需要给女方家带礼物的。号帖子换完后，男女双方均将其保存好以作纪念。

送柬 换号后男女双方经过一段时间的相互了解，如无不妥，则选吉日良辰(多在农历二月初二或者六月初六)“下柬”。柬是一种文书，需要请有文化的人写。一般男方帖子上会写“敬恳婚盟，仰企金诺”，女方回帖上会写“谨遵婚命，遥达鸿章”。对于送柬的细节，三德范村有不同的说法：一说送柬的时候要带上彩礼；一说送柬的时候要“压衣裳”(男方给女方提供做衣裳的布料)，而送彩礼则在送完柬之后。

候女婿 在20世纪60年代，还没有男方去女方家送彩礼、女方家需要备席候女婿(招待女婿)这一说，那时女方家只需准备茶水即可。到了80年代初，开始流行男方在结婚前送女方家面粉1袋、酒2箱、烟2条、鱼2条、鸡2只。也正是从这时开始，女方家需准备酒席候女婿。此时的席宴多是“四四席”，肘子、鸡、鱼、丸子这四大件必不可少。现在，男方送彩礼时则还需要送礼金。

送箱子 女方家在婚礼前一两天，需要将准备好的嫁妆放入箱中，差人送入男方家，这被称作“送箱子”。娘家给出嫁的女儿准备的嫁妆，通常用老粗布织的包袱包着，有新衣裳、手巾、围巾等。据王延川和刘绪春两位老人介绍，在过去都是村里的妇女自己纺纱织布，受条件的限制，结婚时所用的包袱、手巾都不是红色的，与现在婚礼中所用的物件大不相同。逢女子出嫁，娘家需要为新婚夫妇准备六铺六盖，男方则准备两铺两盖即可。“送箱子”当日，所有的嫁妆要统一打包放入箱柜，然后送至男方家。因过去村中交通工具不发达，女方家一般会找年轻的小伙子身背喜礼送入男方家。男方则开门“候客”，安排酒席或瓜果点心，招待前来送箱子的亲朋友邻，也可直接送上10元、20元不等的现金，以表感激之意。

王延训老人于1969年结婚，当时正处于"文化大革命"时期，结婚仪式简化，取消了"送箱子"这一仪式。而十几年后，刘绪春老人结婚时，仪式又恢复如初。

在三德范，现在男方"送箱子"（彩礼）的钱一般是4万元上下，常见的是3.8万元，取"三家一起发"的谐音。女方"装箱子"（嫁妆）的钱则在5万元上下。常见的是女方收到男方的彩礼后，自家另添1万元左右，将男方的彩礼以一种比较体面的方式返还为嫁妆。嫁妆不一定全部是现金，家具、家电、小轿车等贵重物品也可以作为嫁妆。

选日子 结婚前，男方会请人根据男女双方的生辰八字、属相等卜定迎亲、拜堂等的良辰吉日，然后通知女方，共同准备婚礼。赵世英老人和赵凤贤老人都说三德范人一般选择在农历八月、九月和十月办婚礼，因为这3个月天气不冷也不热。但举办婚礼的具体日期还是要根据"算日子"的结果来定。在选日子的时候，会一并算好迎亲队伍进门的吉时，同时明确新人在进门的时候与哪些属相的人犯冲。这样主家在找人帮忙的时候，就会问问属相与新人合不合，避免相冲不吉利。这虽是迷信做法，村民们却一直遵循。据赵世英老人说，以前男女婚配请人看生辰八字，一般都请村外的人。在20年前算一卦是3块钱或者5块钱，现在算一卦是10块钱或者20块钱。

2. 婚礼中

"五服贴喜，去单来双" 一个家族祝福族人成婚本不是一件稀奇的事情，但三德范人的这份心意却是最"厚"的：不仅新人家的大门上要贴喜联，五服以内的亲戚们也要在自家的大门上贴"新婚大喜"。意思就是要把这喜庆传开去。

"文化大革命"前，三德范村迎娶新娘往往都是用轿子，"文化大革命"后禁止用轿子，便开始"骑马迎亲"，这时候讲究"去单来双"图个吉利。去时一个"跟头鼓的"，一个"行人头"，加新郎一共3个人，回来时加上新娘就是4个人，正好凑成双数。"跟头鼓的"是一个小孩儿。所谓"行人头"，是指新郎的陪客，他负责跟着新郎到新娘家把新娘请回来。"行人头"一般能说会道，背有褡裢，内装开门钱和烟。当新郎被拒之门外时，"行人头"会帮助新郎斡旋说情，同时他也负责提醒和掌控迎亲的时辰、节奏，以免误了吉时。

"夜半迎亲，叫门坐席" 山东各地迎亲的时间和方式并不完全相同。

在三德范，男方去女方家迎亲的时间是婚礼前一天的凌晨(不能迟于2:00)，到后得叫门坐席吃饭，直到第二天早上(5:00～7:00)将女方迎回。具体的进门时间要根据女方的生辰来定。

以前，在迎亲时，新郎一行通常要牵一匹马，人马在前，花轿在后，浩浩荡荡前往新娘家中，以便第二天天亮后迎娶新娘。新郎在迎亲队伍的簇拥下来到新娘家门前。此时新娘家中张灯结彩，屋内请来厨师，大摆筵席，等候宴请新郎一行，房外则特意将大门紧闭，把新郎挡在门外。新娘的亲友会在门内提各种要求"刁难"新郎，新郎和"行人头"则拿烟递糖，请求开门，周旋时间一般不会太长。

新郎进入新娘家中，问候岳父岳母之后，新娘的家人要端茶上菜招待新郎。这在三德范俗称"坐席"。招待标准一般是"四四席"，但有些人也会根据自家条件调整宴席标准。开席前有时会出现迟迟不上菜的情况，这是厨师和负责上菜的亲友故意戏弄新郎。这时新郎就要到后厨递烟送糖，以示谢意。如果有人向"行人头"索要糖果，而糖果不够，众人就会用锅底灰抹新郎的脸，此时"行人头"就要为新郎"挺身而出"了。

席间，人们大块吃肉，大碗喝酒，举杯庆贺新人喜结连理。候客会一直持续到第二天。因为新媳妇过门要讲究时辰，"行人头"在坐席的同时还要帮助新郎掌握时间，不能误了过门的时辰。在迎亲时，新郎还必须带着娶衣。娶衣是结婚时新娘必须要有的衣服，以前就是新娘的嫁衣，结婚时必须穿着，现在则是日常穿的衣服，可穿可不穿，但必须是红色的。

典礼 20世纪八九十年代，在三德范举办婚礼，新郎在新娘家经过一个通宵的候客后，第二天一早在"行人头"的提醒下，遵照过门的时辰将新娘接上花轿。一般新郎牵马在前(据刘绪春老人讲，马在结婚典礼中仅作为道具，在接新娘的路上并不骑马)，花轿跟随在后，踏着吉时进入家中。这时，要燃放鞭炮。待花轿落稳，村中看热闹的老人孩子、街坊四邻就会一拥而上，争相围观新婚夫妇。新郎新娘一起步入新房，在此期间，新娘要跨过用玉米芯点燃的火盆，有驱鬼辟邪之意。新娘在搀扶下进入院中后，开始举行拜天地的仪式。天地桌摆在天井里，桌上有两支红蜡烛和一些菜肴、糖果。条件优越者会在地上铺毯子，条件略差者则铺席。新郎新娘跪立，和着司仪的喊声，一拜天地，二拜高堂，夫妻对拜，然后入洞房，至此则礼毕。赵世英

老人说，以前还得从新郎家带栗子和枣子过去，让新娘拿在手里再带过来，一般是左手拿一串栗子，右手拿一串枣子。拿回来之后要将栗子和枣子放到铺头上，借其谐音“利子”和“早子”图个吉利。新娘铺床时要在床头放上豆秸和秫秫榔（玉米芯）。有这样一首歌谣：“豆秸，生了孩子当秀才。秫秫榔，生了孩子会叫娘。”那时也有闹洞房的习俗，很热闹。

值得注意的是，在“文化大革命”时期，由于“破四旧，立四新”，老一套风俗全部被废止。那时年轻人结婚禁止大操大办，不许“候客”，到公社登记结婚需要唱革命歌曲，还会收到《毛主席语录》。婚礼当日也只是由介绍人将新郎新娘领入新房。新人们向摆在天井中的天地桌磕一个头，就代表礼成，其他仪式全部省略。如果有人举办婚礼时大操大办，一旦被生产队的干部发现，他们会立即遣散前来观礼的亲朋好友，使婚礼无法顺利进行。

现在流行新式婚礼，一般到饭店里“候客”。但也有在家里举行婚礼，然后在饭店宴请的情况。新人在家里举行婚礼时，要给族内族外的长辈们磕头行礼。男方的族外长辈包括姥爷、姥娘、舅舅、妗子、姑、姨等，族内长辈则包括爷爷、奶奶和叔伯等。与之前不同，近10年来女方的家长也可以参加婚礼。新人向每人行一礼，长辈们会给他们礼钱。之前已列好礼单，上面记录着每人所给礼钱的数额。在给礼钱的同时，有专人会把礼钱的数额念出来。念的顺序要与行礼的顺序一致，不能有差错。因为顺序和钱数真切地反映了“亲戚有远近，朋友有厚薄”，所以这个过程很重要。据王传栋老人讲，在三德范，男方家族在婚礼前会提前讨论，确定参加婚礼的人员名单，只有名单上的人才能随份子钱，参加婚礼，其余的人即使是给钱，男方也不能要。同时，男方会从家族里找一个人提前列好账单，并挂到中堂里进行公示。

3. 婚礼后

认家 婚后第二天，新媳妇要在宗家的带领下认家，即拜见新郎的父母、叔伯、伯母、婶娘、舅、妗子、姑、姑夫、兄嫂、姐、姐夫等自家人，了解宗族人口户数。在拜见长辈时，新媳妇需要拿着手巾，磕过头后将手巾交给长辈。长辈则会给新媳妇“磕头钱”。

上喜坟 新婚夫妇除了认家之外，还要上喜坟，祭拜祖先。一般在婚礼结束后的第3天或者第6天去。新婚夫妇在家人的带领下来到祖先坟前，焚香上供，并在每位祖先的坟头上用石块压一张红纸，然后在坟前祭拜、磕头，

焚祭一些红纸，这个过程就是“上喜坟”。

回门 据《三德范庄志》记载，以前，回门的形式有两种：一种是婚后“次日，新郎偕新娘探望岳父、岳母，此谓之‘二日回门’”；另一种是婚后第3天，女方家来人叫新娘回娘家，第6天再将新娘送回，这叫作“三日叫、六日送”。男女双方的父母在新媳妇回门这一天要见面并相互问候，女方要招待男方的父母，俗称“候亲家”。随着婚礼习俗的不断变化，“候亲家”改为结婚当日一并进行。现在提及的“回门”仅指新婚夫妇回女方家，并且一般婚礼的当天就回门。

新女婿坐席 新女婿婚后第一年去女方家必须坐上位，不管年龄多大、辈分多高的人，都要在旁边“伺候”着，老的少的都要陪着。正月初二去女方家走亲戚，他也坐上位，下面都是陪客。陪客，就是陪新女婿喝酒的人。新女婿头一年来一般生疏羞涩，找陪客就是为了让他多喝酒。加上新女婿，一桌必须是8个人。陪客必须是男性，一般是自家人，自家人如果不够，就从亲戚里找，亲戚也不够就从街坊邻里中找，一定要凑齐8个人。婚后第二年开始，则按长幼次序来坐席。

（三）丧葬礼仪

中华人民共和国成立前，三德范重厚葬。一般家庭的当家人在儿女的婚姻大事完成后，便会安排“后事”，修寿坟、做寿器（棺材）、制寿衣。寿坟有并列的两个墓室，中间有一道“神路”，供夫妇合葬。寿器多用柏木做成，呈漆黑色或者枣红色，棺头刻“福”字。寿衣讲究“五条领”或“七条领”，有单有棉，其他如帽子、鞋袜、被褥等也要一应俱全。总之，过去三德范村的葬礼烦琐浪费，村民们想要改革的愿望十分强烈。中华人民共和国成立后，村委会根据村民们的意见，组织民俗学习班讨论推广丧葬简化，“厚养生者，薄葬死者”的理念得到了大家的广泛认可。从20世纪90年代起，三德范村的葬礼就已经没有太多的吹吹打打、流水宴席了。访谈中，村民们都认为葬礼的改革节省了时间和粮食，减轻了大家的负担。

红白理事会 红白理事会是村民自发组建的一个专门负责处理村里红白事的组织，现在主要负责处理丧事。若某家有白事，请了红白理事会后，只需说明办白事的标准，交纳办白事需要的钱物，其余事情皆由理事会帮忙打理。

以巷道为单位，一个巷道有一个理事会，各负其责，互不干涉。其成员一般有5名，包括1名会长、1名副会长、1名管礼房的和2名管灵棚的。其中，管礼房的也就是管钱的。理事会成员更替一般只涉及个别人员，不会整个班子同时更换。西道巷的陈学先老人是他们巷红白理事会的会长，据他讲，在他当会长这二三十年里，三德范都是实行火葬，并且从2014年开始倡导薄葬，取消了棺木的使用，丧葬费用也基本控制在5000元左右。齐乃成老人则补充说，一般人家的丧葬成本不会超过3000元。

停灵　据陈学先老人介绍，按照三德范人传统的葬礼习俗，只有成家立业且育有儿女的亡者(无论男女)，丧事可以举办3天：第1天报丧，第2天火化，第3天出殡。没有成家立业的青年人因病死亡，丧事则简化为两天：第1天报丧，第2天火化并迅即出殡。如果亡者因意外事故死亡，无论老少，一般都不能在家里停灵太久，两天之内就必须火化和下葬。此外，不幸夭折的婴幼儿或早逝的少年一般不举办葬礼。家有儿女的老人因病逝世后，葬礼仪式的顺序为：净面——停灵——报丧——火化——打祭——出殡。中间穿插着送浆水，一般是送两三次；晚上孝子要守灵。

在停灵时需注意一点，停灵应停在大屋。若逝者住在小屋，也需移至大屋。在转移的过程中，要有一人走在前，手拿砍刀和高粱杆，经过房门或房梁时，将高粱秆砍断，说“过门了”。到了大屋，逝者头朝西安放。

报丧　停灵结束后，接着就是报丧。报丧前，逝者的儿子需从逝者脚底的方位开始，逆时针绕逝者转3圈，同时将麸子撒到逝者身上。然后出门报丧。报丧时将孝服直接送去。孝服体现着人们与逝者的亲疏远近关系。现在的孝服一般有两种规制：一种是直系亲属穿的，叫“白褂子”；另一种是关系相对较远的亲属穿的，叫“掩肩”。但也有些人家统一穿“白褂子”。需注意一点，订婚或结婚不满100天的女子，要穿蓝色孝服。亲属来时一般都拿着一刀纸，这就算是报过丧了。报丧时还得带把椅子，在路过十字路口或桥头时，逝者的长子要站在椅子上说：“爹(娘)，你上西天。”助忙①这时要“烧马”。在“烧马”的过程中，孝子要逆时针、顺时针各转3圈，并且喊“上西南”，意思就是上西天、进入极乐世界，这也叫“指路”。据齐乃成老人说，逝者的

① 助忙，也称“助丧”“帮丧”，是葬礼上的辅助人员，多为亡者所在胡同的村民。

家人还会给逝者送“打狗棒”。“打狗棒”是用面团揉成的15厘米长、2厘米宽的面棒，棒上插着7根荆棘刺。

送浆水 报完丧就送浆水。浆水即米汤。在送浆水的队伍中，走在最前面的一般是逝者的孙子或者外甥，其端着纸火盘，里面放着若干纸钱。跟在后面的长子提着浆水罐。浆水意味着遗产，提浆水的人可以优先分得逝者的遗产。若逝者无儿子，则由女儿提。以前三德范人送浆水都要去位于村子北部的浆水庙（当地的土地庙）。由于浆水庙地势比较高，有19级台阶，村民们送浆水的时候需要仰着头、睁大眼，避免摔倒。正因如此，三德范村流传着一句俗语：“三德范送浆水，睁着眼。”现在浆水庙已经拆除，因此送浆水一般都在十字路口。每个巷道都有自己的一个固定的送浆水的地点。送完浆水，逝者的儿女要守灵。

打祭 第二天早上要将逝者送去火化，回来后一般在16:00多举行打祭，也叫“参路祭”。以前打祭是在路上举行，近20年来则在家里。打祭持续两个多小时，在这期间亲朋好友前来吊唁，吊唁按到来的先后顺序进行。吊唁在灵棚进行，灵棚里摆一张桌子，桌子上摆着逝者的牌位。亲戚朋友参祭，一般三鞠躬（根据参祭人的意愿，现在也有磕头的）。每位前来吊唁的亲友都会撤下前一个人的菜品，在灵前摆上自己的菜品。吊唁结束后，这些菜品全部留在丧家。丧家设丧礼簿，派人记下每位前来吊唁的亲友送来的礼金和菜品。接着孝子守灵，助忙各自回家。

台胞齐治平（左三）上坟祭祖

丧礼改革以后，三天丧改为两天，取消了过去第2天打祭的环节。在第2天上午，亲友们直接按照丧家约定的时间前来上礼、祭奠，简单吃过午饭后，将死者埋葬。

出殡与祭奠　第3天要上坡，也就是由助忙在选好的陵地里开坟，一般在12:30的时候出殡。以前助忙在出殡结束后要吃“回灵席”，现在已取消。第5天要圆坟，由本家人添土，修整好坟地。第7天为“头七”，要“烧七”，即烧用纸做的金山、银山、面山、米山、摇钱树等。“二七”“三七”没有仪式。“四七”的仪式相对复杂，这一天，逝者的儿女们要在坟前烧火纸，焚烧的火纸和纸钱甚至比“头七”还多。“五七”则只是单纯地烧纸。到“百天”和“忌日”的时候要上坟。

据齐乃成老人讲，许多地方会将逝者生前的所有生活用品都焚烧掉。一是象征着这些东西随逝者而去，二是忌讳死人留下的东西。三德范人比较务实，只烧掉逝者的衣物、被褥，那些床铺之类的大件则仍旧留下——就烧不值钱的。“因为其他的东西，活人还能用。”

在三德范举办丧事，助忙人数通常较多，有时能达七八十人，都是自愿来帮忙的，不需要专门去请。丧礼所用的饭食都由男人来做，女人只允许帮忙做孝服。丧事不请客吃饭，街坊邻居一般会随几块钱礼金，这种习俗已持续10多年了，之前是不收邻居礼钱的。

三、乡规民约

2015年，中央电视台响应中央号召，拍摄了一部大型人文历史专题纪录片《记住乡愁》，三德范村因为悠久的文化传统和良好的村容民风被选为拍摄对象之一。在该纪录片第1季第44集《立规守德》中，三德范人传承至今且文化脉络鲜明的“乡规民约”传统得到集中展现。至今，三德范村仍以碑刻、档案和章程、规定、公约等形式保存着清中晚期、“文化大革命”时期以及20世纪80年代以来等不同历史时期的各种“乡规民约”。

清中晚期，三德范村的“乡规民约”以锦屏山上的碑刻为主要表现形式。当时，锦屏山由包括三德范在内的12个村落共有，是“乡规民约”所关注的主要内容。这些“乡规民约”的内容也体现出了鲜明的告诫、训示、规约的作用

和意义。目前，锦屏山上存有碑群4组，各类碑碣34通。

自雍正十三年(1735年)云游道士韩阳成开山，在很长一段时间内，锦屏山形成了由韩阳成及其后世嫡传弟子管理，由山体周围的蒲篁、黑峪、三德范、长水、东窑头、西窑头、月宫、长青、沙湾、石屋、北明和南明等12个村落共同维护，互不统属的局面。以锦屏山碑刻文本的形态保存下来的“乡规民约”，颇能说明三德范村在周边地区社会地位上升的过程。

巍峨锦屏山

下文依次介绍的5通碑碣，从碑文内容上大致分为两类：一类是以告示、训诫和命令的语气明确个体与集体的关系，禁止破坏以山林树木为核心的公私财物、公共资源和公共设施，其主要目的是维护自然、庙产与乡民之间的关系；另一类则是以谕民文告的形式展示案例、息讼罢争，以公共设施和资源的“公益性”为立足点，强调村落之间的公共秩序和生活秩序。在组织形态上，晚清以前，“民请官定”“官颁民领”是“乡规民约”主要的表现形态；晚清，随着国家力量的衰落，则转向了更为彻底的“十二村公议”制度。

从文字表述上来看，在两类规约中“国家法”介入的“惩戒性”“训令式”意味很强；但从碑文落脚点和反映的效果来看，其又明显倾向于民间力量的监督和约束。

下面是乾隆五年(1740年)一通碑刻的碑文：

碧霞祠前的碑林

严禁山林庇护圣殿碑

章丘县正堂加三级毛：为严禁山林庇护圣殿，事切城南六十里锦屏山朝阳洞太山行宫，今有生员靳延祉等众领袖，请明示开缘募化建立太山行宫大殿，一概重新。花果树木，自迎仙门为始，南至小龙沟，西至窝峪顶，北至石峭岭，倘有无知乡民伤损树株，深为可恨，自示之后，仰周围士庶军民并领袖众等，看守香火道人，遇有打柴放火者立禀送县，以凭重究，决不宽贷，特示。

乾隆五年十月十一日

韩阳成开山后的第五年，锦屏山已由光秃秃变得草木葱茏。因为道士没有处罚盗砍、盗伐林木行为的资格，当时山脚下周边村落的读书人靳延祉便在牵头倡导建立泰山行宫大殿的同时，向时任章丘县令毛邑请求划分地界，以颁布命令的形式赋予“周围士庶军民并领袖众等，看守香火道人”以“遇有打柴放火者立禀送县”的权力。

下面是乾隆八年(1743 年)一通碑刻的碑文：

严禁山林以护圣殿碑

章丘县正堂加一级席：为严禁山林以护圣殿，事切城南六十里锦

屏山朝阳仙洞太山行宫，乾隆五年间蒙前任毛示谕，凡有庙宇、草地、山林、种养、胡树、花果、树木，建立太山行宫，养成树木多株。领袖生员靳延祉等，恐有无知乡民进山打柴，烧损树株，殊属神人可恨。为此，示仰周围士庶军民人等知悉，自示之后，遇有打柴放火者立扭送县，重责枷号不恕，特示。

乾隆八年十二月十六日

乾隆八年，章丘县令由毛邑换成了席芬。席芬延续了前任保护山林的政策。一方面，承认锦屏山上的庙宇、草地、山林、种养、胡树、花果、树木由住持道人监管；另一方面，赋予锦屏山周边地区的民众“遇有打柴放火者立扭送县”的权力。在此后的100多年间，锦屏山由三德范等周边12个村落共同管理，并不需要官方强力介入的情况大致延续。这种情况在光绪二十三年(1897年)的“十二村共议封植碑”里依然有迹可循。碑文曰：

山道上的碑林

十二村共议封植碑

锦屏山自十二村封植以来，即有老君圣像碧霞元君殿。迄丙申冬，重塑老君圣像，举不敢废，意也。碧霞元君殿内制天棚帐子，尽物事神，心也。是工倡赀者十二村。以赀未全付，住持杨至绪又募赀数村。暨丁酉春，费资犹绌，不获已。乃剪柏树数株售值完之。此举也

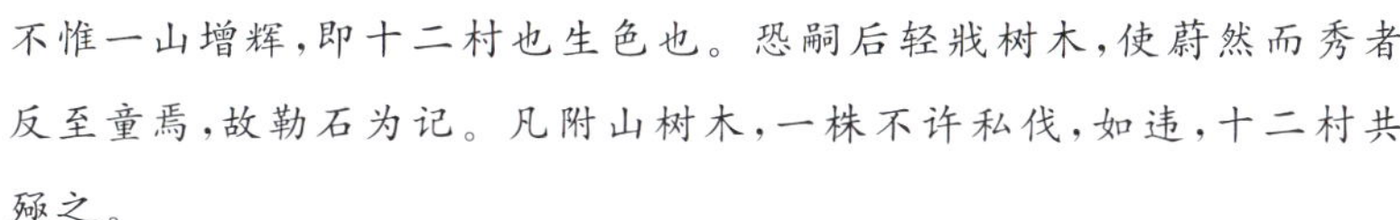

不惟一山增辉,即十二村也生色也。恐嗣后轻戕树木,使蔚然而秀者反至童焉,故勒石为记。凡附山树木,一株不许私伐,如违,十二村共殛之。

（落款人名从略） 光绪二十三年岁次丁酉五月吉立

到了光绪二十八年(1902年),由于国家内忧外患不断,社会很不太平。据《章丘县志》《三德范庄志》记载:1902年,洋务运动影响下的"警察制度"开始在全国推广,章丘县衙也设立了巡警局。这年,已在章丘县令任上四年多的江苏海州人杨学渊处理了一件发生在锦屏山上的民间纠纷。

在位于石屋庄一侧的锦屏山山顶,原有一座文昌帝君庙。但是数年前附近村落有人突然提出异议,散布谣言说文昌帝君庙的建立有碍本村的风水,并悍然拆除了这座庙宇。石屋庄的村民基于文昌庙"非直壮观瞻,亦所以培文教也"的认识,集资将之修复。在石屋村潘乐宾等人的请求下,章丘县令杨学渊下令树立了"息讼护庙碑",作为官方训诫、警示的凭证:

息讼护庙碑

抚院营务处花翎同知衔,调补济南府章丘县正堂,卓异侯升加三级记录四次(杨),为出示禁谕事:据石屋庄庄长潘乐宾等禀称:窃闻,庙之所在,神所凭依,有其举之则莫敢废。查身等石屋庄即在锦屏山下,山巅旧有文昌帝君庙一座,非直壮观瞻,亦所以培文教也,前人创造非无谓也。数年前,有乡间无知之徒,谓此庙与彼庄风水有碍,肆行拆毁,当时阻止,未能听信。现在身等惕以怨恫之义,已能尽释前疑,因而纠众捐资,身等重为之倡也。经修复完整,庙貌一新。诚恐无知之徒复有呈其臆见擅行拆毁之事,为此,叩恳出示预禁,以崇祀典而弭事端。上叩等情到县,据此合行出示禁谕。为此事仰该庄及附近乡村人等知悉:须知庙祀正神有举无费,毋得惑于风水肆行拆毁,倘敢故违,定即从严纠办,决不宽容,其各凛遵毋违,特示,右仰知悉。

告示 （章丘县印）

（落款人名从略） 光绪二十八年四月二十九日

宣统元年(1909年),关于锦屏山自然生态保护的"乡规民约"以碑文的

形式定格成了“十二庄公议勒石”。这时候的规约更多的是强调“住持者”的责任。

锦屏山主公议禁止山林条约

——树木为山之羽翼，住持者加意培植，约毋得枉伐

——凡附山樵木之人，住持者宜严为防伺，约毋得疏忽

——凡摧残树木之人，住持者宜急为捉获，约毋得私纵

——遇有持强不服，住持者宜急声明山主，约毋得徇隐

——凡遇有事故，住持者宜急报山主，山主宜急赴，约毋得推诿不前

十二庄公议勒石

住持道人　张理注

宣统元年十一月下旬吉旦同立

之后，一直到中华人民共和国成立，锦屏山周边地区始终处于混乱当中。而这座原为12村共有的大山最后归属于三德范，则是20世纪70年代的事了。

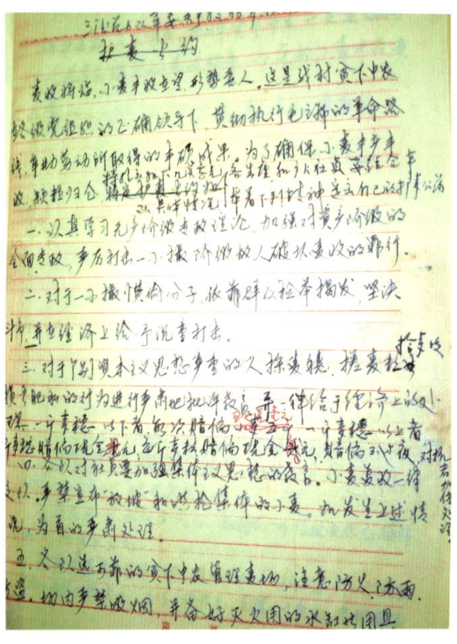

护麦公约

麦收将临，小麦丰收在望，形势喜人。这是我村贫下中农在党组织的正确领导下，贯彻执行毛主席的革命路线……

一、认真学习无产阶级专政理论，加强对资产阶级的全面专政，严厉打击一小撮阶级敌人破坏麦收的罪行。

二、对于一小撮惯偷分子，依靠群众检举揭发，坚决……并在经济上给予沉重打击。

三、对于个别资本主义思想严重的人拣麦穗、掐麦粒……

四、各队对社员要加强集体主义思想的教育。小麦要收一律交队，严禁宣布“放坡”和哄抢集体的小麦。如发生上述情况，为首的严肃处理。

五、各队选可靠的贫下中农管理麦场，注意防火防雨防盗。场内严禁吸烟，并备好灭火用的水缸和用具

20世纪70年代的《护麦公约》草稿

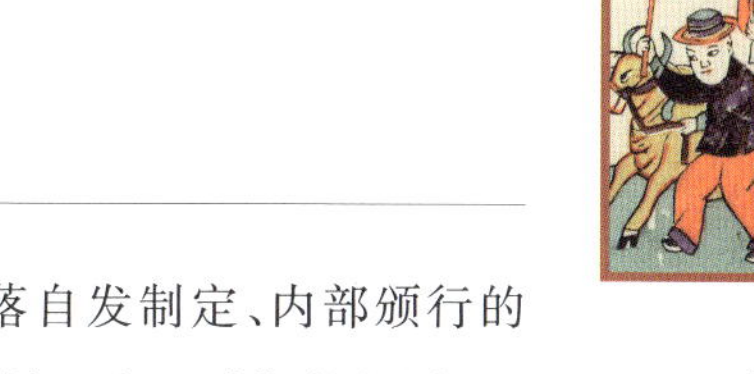

至今，三德范村仍保存着“文化大革命”时期村落自发制定、内部颁行的《护麦公约》《护林公约》等几份“乡规民约”的文献资料。这一时期的“乡规民约”既具有浓厚的阶级斗争色彩，又保留了很多三德范人的个性特色。

1975年5月25日，三德范生产大队拟订了一份“护麦公约”。耐人寻味的是，“公约”草稿最初拟订的是“护麦公约”的标题，或许是因为正文里有“要求各生产队和广大社员结合本队具体情况，制定自己的护麦公约”的表述，原标题被用墨水涂抹后订正为“三德范大队革委关于搞好麦收的几点意见”。

这份《意见》包括6个条目，共500余字。其实施目的是“麦收将临，确保小麦丰产丰收、颗粒归公”。由于对所有村民都有约束力，这份《意见》仍然具备“乡规民约”的性质。我们不妨仍以《护麦公约》称之。

1975年5月25日《护麦公约》主要处罚内容一览表

规约范围	触约程度	处罚措施	执行组织	相应说明
采麦穗、搓麦粒、拾麦等损公肥私的行为	1斤麦穗以下	每次赔偿现金1元	生产队	赔偿不过夜；对抗者加倍
	1斤麦穗以上	每斤赔偿现金2元	生产队	
	1斤麦粒	每斤麦粒赔偿3元	生产队	

资料来源：三德范村档案室所藏文件。

1970年，沙湾高射炮靶场启用，锦屏山在炮弹落点的有效范围之内。在多次征询“屡经思想改造”的锦屏山“末代住持”李文熙的意见后，这位火居道士主动选择携家带口迁入三德范村第十三生产队安家落户。三德范村村民张烈民回忆当时的情景说：

那时候，整个锦屏山由国家统一管理，道士也得接受思想改造、劳动改造。最后这个道士姓李。现在说是乡镇政府，那个年代就是“革委会”，革委会的干部按照政策要求得让这个道士下山。但是道士下了山去哪里，这个问题得征询人家本人的意见。结果，人家道士选择俺们三德范。为什么呢？因为三德范是个大村，你别看那个时候四邻八乡的生活条件都差不多，可是咱们三德范好地（优质耕地）多，相比之下还是条件好、富裕。道士来了三德范，锦屏山也就名正言顺地属

于俺们三德范了。①

在田野调查中，这个说法得到了附近村落乡民的普遍认可。也就是说，不是国家林业部门将锦屏山划拨给了三德范，而是“山主到了哪个村，哪个村就名正言顺有了锦屏山”。从那时起，三德范村就理所当然地接过了守护锦屏山的历史责任。

三德范人一直没有放松对锦屏山自然环境的保护与管理。例如，1975年，针对“一切破坏林业的行为”，三德范大队制定了《护林公约》。公约共设7条，1500余字。其中，第4条又细分为11款，具体拟定了生产生活中触及公约后相应的处罚措施。田野调查证实，这些条例、规约在当时都得到了普遍的执行、遵守，个别村民的违约行为也受到三德范生产大队的有效惩戒。

1975年《护林公约》主要处罚内容一览表

<table>
<tr><th colspan="2">触约程度</th><th colspan="2">处罚措施</th><th>特别要求</th></tr>
<tr><td colspan="2">损坏1米以下小树1棵</td><td colspan="2">赔现金2元，自买小树10棵</td><td>包栽包活</td></tr>
<tr><td colspan="2">损坏锨把粗细的树1棵</td><td colspan="2">赔现金5元，自买树苗20棵</td><td>包栽包活</td></tr>
<tr><td colspan="2">砍杀檩条大小的树1棵</td><td colspan="2">赔现金20元，自买树苗20棵</td><td>包栽包活</td></tr>
<tr><td colspan="2">砍杀能做杈的树1棵</td><td colspan="2">赔现金30元，自买树苗20棵</td><td>包栽包活</td></tr>
<tr><td colspan="2">砍杀能做梁的树1棵</td><td colspan="2">赔现金50元，自买树苗20棵</td><td>包栽包活</td></tr>
<tr><td colspan="5">摘苹果1个，赔现金5角；梨1个，赔现金4角；大桃1个，赔现金3角；核桃1个，赔现金3角；山桃、大枣1个，各赔现金1角</td></tr>
<tr><td colspan="5">摘花椒芽1斤，赔现金10元；摘花椒1斤，赔现金5元；摘酸枣子1斤，赔现金5角；采槐花1斤，赔现金1元</td></tr>
<tr><td colspan="5">割条子1斤，赔现金5角；割荆棘每斤赔3角；岔楂子1个，赔现金1角</td></tr>
<tr><td colspan="2">掀树穴1个</td><td>赔现金5角</td><td colspan="2">刨树穴5个，保质保量</td></tr>
<tr><td colspan="5">谩骂、殴打护林人员或其他积极护林者，根据情节轻重给予严肃处理</td></tr>
<tr><td colspan="5">不准在林场内放牧牛羊，若牛羊损坏树株，同样按以上规定进行处理</td></tr>
<tr><td>其他</td><td colspan="4">处理款当时兑现，不拿者加倍处理；对于检举、揭发、抓住毁林者的人给予表扬，并以所处罚款的50%作为奖励</td></tr>
</table>

资料来源：三德范村档案室所藏文件。

① 访谈对象：张烈民，男，三德范村人。访谈时间：2015年10月15日。

《护林公约》和《护麦公约》仍旧是一种基于地方自治传统的行为规范，其制定主体和实施对象都是村民。不过，与传统社会时期的运作机制有所区别的是：它们完全以"禁止"或"处罚"的面孔出现，主要用于保障集体的财产安全，而大大削弱了社会教化的本意和功能。规范个体和村集体的关系，弥补"国家法"无法触及的生产生活漏洞，成为这个有着悠久"立规守德"传统的大村主动的文化选择。

改革开放后，在从乡土社会向现代社会变迁的过程中，三德范村的"乡规民约"继续更新，基本实现了向国家制度意义上的"村规民约"的过渡和转型。在村里的档案室，至今仍完整保存着 20 世纪 80 年代初档案文献里的最后两份"乡规民约"。其中一份是 1982 年 3 月 26 日文祖公社下发的《关于转发宁家埠公社宁三大队〈乡规民约〉的通知》（以下简称《通知》）中的附件《宁三大队〈乡规民约〉》。另外一份是三德范大队在接到这份通知的 4 个月后，集体制定的一份多达 2200 余字的《三德范大队民约》。

作为三德范生产大队的直接上级，文祖公社在 1982 年 3 月下发的《通知》的主要内容是肯定辖区内宁三大队《乡规民约》"条款清楚具体，文字通俗，易懂、易记、易行"的优点，同时要求各生产大队以之为参考，制定自己的《乡规民约》。这份通知还明确提出了具体要求：

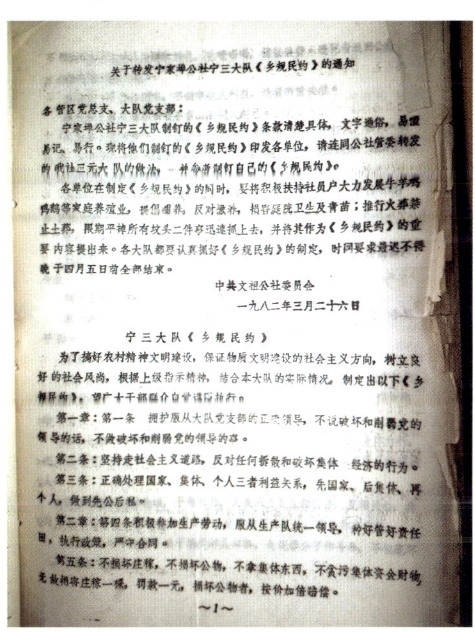

关于转发宁家埠公社宁三大队《乡规民约》的通知

各管区党总支、大队党支部：

宁家埠公社宁三大队制钉的《乡规民约》条款清楚具体，文字通俗，易懂易记、易行。现将他们制钉的《乡规民约》印发各单位，请连同公社管委转发的响社三元大队的做法，一并参照制钉自己的《乡规民约》。

各单位在制定《乡规民约》的同时，要将积极扶持社员户大力发展牛羊鸡鸭鹅等家庭养殖业，提倡圈养，反对撒养，损害庭院卫生及青苗；推行火葬禁止土葬，限期平掉所有坟头二件事迅速抓上去，并将其作为《乡规民约》的重要内容提出来。各大队都要认真抓好《乡规民约》的制定，时间要求最迟不得晚于四月五日前全部结束。

中共文祖公社委员会

一九八二年三月二十六日

宁三大队《乡规民约》

为了搞好农村精神文明建设，保证物质文明建设的社会主义方向，树立良好的社会风尚，根据上级指示精神，结合本大队的实际情况，制定出以下《乡规民约》，望广大干部群众自觉遵守执行。

第一章：第一条　拥护服从大队党支部的正确领导，不说破坏和削弱党的领导的话，不做破坏和削弱党的领导的事。

第二条：坚持走社会主义道路，反对任何拆散和破坏集体经济的行为。

第三条：正确处理国家、集体、个人三者利益关系，先国家、后集体、再个人，做到先公后私。

第二章：第四条积极参加生产劳动，服从生产队统一领导，种好管好责任田，执行政策，严守合同。

第五条：不损坏庄稼，不损坏公物，不拿集体东西，不贪污集体资金财物，无故损害庄稼一棵，罚款一元，损坏公物者，按价加倍赔偿。

~1~

宁三大队《乡规民约》

> 各单位在制定《乡规民约》的同时，要将积极扶持社员大力发展牛羊鸡鸭鹅等家庭养殖业，提倡圈养，反对撒养，损害庭院卫生及青苗；推行火葬禁止土葬，限期平掉所有坟头二件事迅速抓上去，并将其作为《乡规民约》的重要内容提出来。各大队都要认真

> 抓好《乡规民约》的制定，时间要求最迟不得晚于四月五日前全部结束。

这份公社通知隐藏着几个重要的历史信息。首先，在这一年的1月1日，全国农村工作会议召开并确定推行"家庭联产承包责任制"，生产大队及其下属的生产队面临解体。其次，当年"3月份召开了全省(指山东省——笔者注)民政工作会议，会后，各地迅速组织贯彻落实省委、省政府关于平掉坟头、推行火葬的指示"[①]。文祖公社《通知》要求的"推行火葬禁止土葬，限期平掉所有坟头"显然是这次全省上下号召开展"移风易俗"行动的直接产物。关于这段历史，曾经主持山东省"移风易俗"具体工作的刘德龙回忆说：

> 1980年开始，全省开展"移风易俗"活动，到1982年全国开展文明礼貌月活动，后来改成"五讲四美三个热爱"活动。当时我在中共山东省委宣传部主管这个工作。在这个过程当中，我见证了那个时期我们国家怎样试图搞乡规民约，希望通过它来推动全国文明和秩序建设的情景。这也可以算是一个政治运动，因为我们国家的"文化大革命"结束不久，全国法治秩序也遭逢混乱，所以从中央到地方，都试图通过制定乡规民约来恢复社会秩序，来引导民众遵守秩序。
>
> 当时，几乎是村村都要制定乡规民约，每个乡镇都要有乡规民约，每个企业也制定了自己的文明礼貌守则。但是这次活动有着很大的欠缺——首先是千篇一律，不接地气。再一个就是只有提倡，没有制约。希望大家讲文明、讲礼貌，讲道德、讲秩序，但是做不到的怎么办？第三就是移风易俗把民间优良传统和落后东西"一刀切"——"洗澡水和孩子一块儿泼掉了"。所以移风易俗基本上也是不成功的。因为主体已经偏离了乡规民约，整个运动所起的作用微乎其微，最终是不太成功的。[②]

正是在这样的历史背景和环境的影响下，三德范村按照文祖公社《通知》的

① 张守富、黄子良主编：《山东省志·民政志》，山东人民出版社1992年版，第325页。

② 根据国务院参事室国学中心、文化部民族民间文艺发展中心、山东大学文化遗产研究院及山东省民俗学会于2014年共同主办的"田野中国·乡规民约与乡土社区建设论坛"的现场录音资料整理。

要求，在当年7月10日上交了重新制定的《三德范大队民约》。这份民约共有22款条文，格式、文风接近不久后全国统一制定的“村规民约”。全文分为5章，涵盖了“社会治安”“保护国家、集体、个人财产”“提倡晚婚、晚育，搞好计划生育”“争创五好家庭、尊老爱幼、搞好爱国卫生”“加强领导、保证民约实施”等切合时代呼声的具体条款。

综观整个《三德范大队民约》，在制度设计上走向尽头的生产大队一反常态，只对“出现纠纷需要大队调处，无理取闹者罚款3～5元”和“治安人员行使职责时借口阻拦等情况罚金5角”两种情况作了业已无力执行的惩戒表示，其他20条内容则全部是以“要”“自觉”等口气表示提倡。其再也没有能力像以前那样制定详尽的处罚措施，并以明确的组织机制保障实施。

几个月后，三德范生产大队正式解体，作为“一个整体”的三德范村分立为东、西、南、北4个行政村。就这样，在社会认同度下降、约束力渐失、执行力失效的情况下，逐步转化为国家制度性安排的“乡规民约”更多表现出某种形式上的意义。同时，三德范内部的4个行政村迈向了“划街而治”的时代。

在中国农村风生水起的“乡规民约”制定、推行浪潮引起了中央领导的注意。1983年1月18日，时任中共中央总书记胡耀邦专门作了一份有关“乡规民约”的批示：

> 力群、郁文同志：乡规民约定得好，动员教育作用极大。请收集一批，挑几个最好的加以介绍。（乡规民约简单、生动、好记，非常重要。这[illegible]份除个别地方外，确实很好。）①

就在这年元宵节，即1983年2月27日，因为一系列社会运动，特别是“文化大革命”而中断了十几年的三德范扮玩活动，在村民们的期盼中全面复兴了。

① 高清海：《精神文明词典》，吉林大学出版社1985年版，第54页。

第五章 红红火火"大扮玩"

在三德范人看来,春节期间,各条巷道没有组织扮玩活动,就不能算正儿八经地过年。因为按照传统,每年正月初七、初八,三德范人都会以巷道为单元,各自动员,筹措资金,整修道具,选拔演员,排练节目,筹备集体性的表演活动——扮玩。从节目内容来看,各条巷道除了高跷、龙灯、锣鼓可以略有重复以外,旱船、竹马、舞狮、蚌灯、抬杆、武术等表演内容须有区别。演出期间,三德范村老幼妇孺皆可担任多个节目的不同角色,户数、人口较少的巷道则近乎全员上阵。整个演出活动以村落为舞台,从正月十二正式开始,白天、傍晚各表演两次,至正月十五达到高潮,并在当天深夜落下帷幕。元宵节这天的扮玩活动,被老百姓亲切地称为"大扮玩"。

一、前奏:"忙年"

一直到今天,鲁中地区的农民们还是一进腊月就"忙年"。现在妇女和孩子在家的时间相对宽裕,因此过年的气氛常常是由他们率先营造的。进入腊月,家家户户就开始置办新衣,购买年货。出门在外的人,无论是学生还是民工,则要盘算着买好车票,无论如何都要争取赶回老家过年。

在三德范村,"腊八"是迎接新年活动的开始。传统上,这一天家家要用

米、豆、枣煮粥，称“腊八粥”，寄望阖家避灾祛病。此时正值深冬，天寒地冻，有“腊七腊八，冻杀叫花”一说。“腊八”过后，村民们就陆续停下手头的活计歇息下来，此时若再出远门打工挣钱，或者因进城打工迟迟没有回家，就要被邻居们笑话了。

俗话说：“过了腊八不置办，到了年底多花钱。”这句话是说买年货要趁早，不然到年底物价都要上涨。腊月十八这天的大集是“大花钱”的时候，等到腊月二十三再添补添补，年节的物资就基本备齐了。最迟不要过腊月二十八，因为年节前后店铺大多关门，很难买到新鲜蔬菜了。

有村民说，以前由于家庭人口多，除了赶集备年货之外，过年时还要用大锅蒸窝窝头和年糕，有时要蒸好几个晚上。过去当地有个风俗，就是过了年，正月十五之前不能动烟火，不能做饭，所以饭食要提前做好。除了蒸窝窝头、年糕之外，临近年关，三德范的家家户户还会“出豆腐”(制作豆腐)。据一些老人说，以前每家每户都出豆腐，但是现在很多人都带着豆子去专门做豆腐的人家请别人做，而且这些做豆腐的人都已经使用机器而不再使用传统的工具了。

临近年关，最重要的日子是腊月二十三，也就是过小年的这一天。三德范人说，这一天要吃腊八蒜，喝腊八醋。只有这样，来年才能不“长罩子”(罩子是指某些皮肤类疾病)。此外，这天绝大多数村民还会在集市上买一张灶王爷的神像贴在炉灶旁，供上糖果、粥、水饺等。上供用的粥以炒熟的小米面、豆腐、菠菜熬制而成。除灶王爷外，其他神灵，包括天爷爷、门神爷、窑神爷等都要祭拜。如果在天井中贴了天爷爷的画像，过了正月十五就可以将画像撕下来，随烧纸烧掉；而灶王爷

小年祭拜“灶王爷”

的画像则可以常贴于厨房。除了供奉神灵，腊月二十三这一天，村里的老人还会给自家的老祖供上4碗粥。老人摆放粥的时候，一般嘴里会念叨："过小年了，给老祖供碗粥。"

俗话说，过了腊月二十三，"神明不管乎了，扫屋不碍事了，神仙不拿我了"。意思是说，只要虔诚地尽了礼数，过了腊月二十三这一天就没有什么忌讳的了。

腊月三十（"小尽"年是腊月二十九）这天是除夕，三德范人要把正房、偏房、庭院、街道洒扫一新。过了正午，家家贴好春联，摆好各路神仙牌位。

庭院里的天地牌位

除了贴春联，还要"贴香炉"。所谓"贴香炉"就是在门上贴一个三角形的红纸囊，在纸囊里面撒上香灰，然后把香插在上面点燃，大门、屋门上都要点上一炷香。贴好"香炉"，堂屋上挂好"族轴"，这才算是做好了敬神祭祖的准备工作。

傍晚，一般在18:00左右，村民就开始放鞭炮，男主人手持线香到村口街头，面向自家祖林（祖坟）揖拜，"请"祖先回家过年。此时，儿孙等晚辈则在大门前跪下，烧香祷告。"请来"祖先后，再回到正屋将香火供奉在"族轴"前的香炉内。等大家都回到屋里，就可以到厨房里"下包子"（煮水饺）

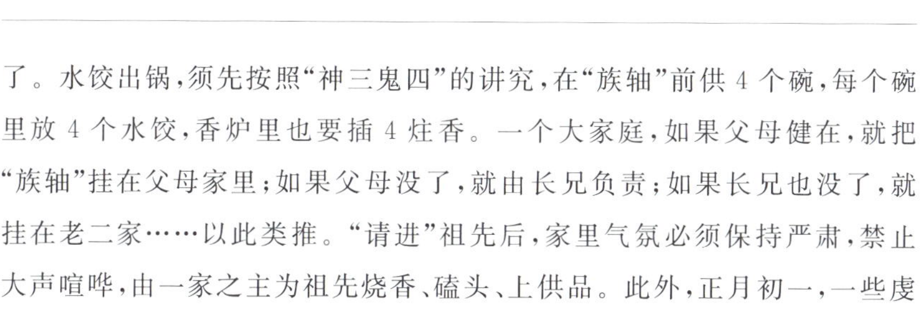

了。水饺出锅，须先按照“神三鬼四”的讲究，在“族轴”前供4个碗，每个碗里放4个水饺，香炉里也要插4炷香。一个大家庭，如果父母健在，就把“族轴”挂在父母家里；如果父母没了，就由长兄负责；如果长兄也没了，就挂在老二家……以此类推。“请进”祖先后，家里气氛必须保持严肃，禁止大声喧哗，由一家之主为祖先烧香、磕头、上供品。此外，正月初一，一些虔诚的老人还会凌晨起床增添香火、祭拜祖先。

三德范村村民对“族轴”十分看重，认为“里头不仅有老祖的名字，更有他们的魂儿”。对于“族轴”，村民们只在除夕夜虔诚地打开，然后在年初一午后毕恭毕敬地合上。

三德范人在除夕不仅要祭祀祖先，还要供奉天爷爷等神灵。对于天爷爷，大年三十和大年初一都要供奉。供奉时，要在正屋单独摆放一张小方桌，上摆酒、炸鸡、炸鱼、炸肉、果碟五样供品。此外，还要祭拜其他一些神仙，如门神、财神、牛魔王等。对于财神爷，人们一般用面刺猬（将发酵后的小麦粉做成刺猬状蒸制而成）上供。至于牛魔王，因为以前用牛推磨，所以直接在石磨旁祭拜。现在，随着石磨逐渐被废弃，这种祭拜方式已不多见。

老人和老碾

到了19:00左右，家家户户还要在自家大门口烧一把旺火。此时夜幕降临，街坊四邻都来到自家门口，大家相互示意，在一个差不多的时间点，一齐点燃火把，鸣放礼炮。一时间，各条巷道火光冲天，既有一种神秘氛

围，又带着几分艺术气息。这个仪式过程被人们称为“照庭”。有些老人说：“照庭的时候，这天晚上刮什么（风向的）风，来年在哪个方位就会旱涝保收。”

除了“请”祖先、供天爷爷、照庭外，人们还要把灰摊成半圆形将宅院大门围住，意思是让牛鬼蛇神无法进门。宅门也紧紧地关起来。屋内，各家的女人早就开始准备年夜饭了。年夜饭是除夕不可或缺的内容。女人们这晚要把初一早上食用的饺子提前包好。初二以后食用的饺子，则可以之后再包，这样也能保证食材的新鲜。肘子、鱼、肉、鸡、丸子、炸货等都是年夜饭里必备的硬菜。随着鞭炮声响起，年夜饭开始。一家人围坐在一起喝酒吃肉，看春晚。

第二天是大年初一，五更时分，全家人都要起床。先放鞭炮，然后男主人点燃香火，供奉玉皇大帝、财神爷、灶王爷以及自家的祖先。天近黎明，老少爷们儿都要穿上新衣裳。儿孙辈起床后洗漱完毕，要先给祖父母磕头。

大年初一这天，早餐要吃素馅的水饺。早早吃完饭，邻居、亲友们便互相拜年。拜年的主要方式是串门——从家族最亲近的长辈开始。晚辈要走街串巷，“登堂入室”，对本家族的老人、长辈以及在街巷上遇到的熟人说祝福的话。就这样，作揖、跪拜、说吉祥话等成为三德范人拜年时表达情感的主要方式。白天，人们可以尽情玩乐，但不能说不吉利的话。假如在斟茶倒水的时候失手打碎了茶盏，得赶紧说几句“岁岁（碎碎）平安”一类的吉利话以消除心理上的不安。一直到傍晚，当家人才烧纸燎箔，俗称“发钱粮”“送老祖”。

正月初二，三德范人开始走亲戚，出嫁的闺女要回娘家，女婿要看望岳父母。按照本地老规矩，女婿除了拜望岳父母，还要依次拜望女方家的叔伯姑舅，之后才能去男方本家的亲戚家中拜年。当然，随着时代的变迁，有的年轻人已不拘泥于过去的老规矩，而以自己的便利为主。

三德范人经常说：“亲戚走到初七八，馊了豆腐烂豆芽。”或者说：“亲戚走到初七八，丝囊（指食物变馊）豆腐老豆芽。”两句俗语的含义差不多，意思都是那些亲戚多的村民，到了正月初七、初八，亲戚还没有走完，因为放的时间太长，自家手工制作的豆腐都馊了，泡发的豆芽都烂了。从晚辈们

登门开始，一个由礼物和人情组成的圈子就有条不紊地运转起来，“走亲戚”“聚一聚”“喝小酒”也就成了人们在节日里最放松的生活方式。在三德范村，年节宴饮时也是人们筹备扮玩活动的黄金时期。可以说，村民们“走亲戚”“聚一聚”既是交流情感的过程，也是制订扮玩计划的过程。例如，许多扮玩活动“领头的”都说，他们巷道演员的招徕、经费的筹集、节目的创意都是在酒桌上敲定的。

二、序曲：“拜年”

在传统意义上，三德范人的扮玩活动是以“集体拜年”的名义开始的。

在正月十二的上午，各条巷道的“领头的”提前联系好拜访对象，协调好具体的时间、地点后，各条巷道就会各自组成小队到开设有店铺、作坊、养殖场或农场、工厂的地方进行表演。这种表演主要是为了给即将开始的重头戏凑足活动经费，所以每条巷道的表演队伍都是奔向自己巷道的居民从事经营活动的场所。同时，演出队伍的演员人数尽量缩减，一般控制在二三十人。既然是象征性的表演，那么演出难度和技巧性同样要尽量降低。例如，行动不便的高跷以及容易暴露表演实力的“芯子”都不上场。

年根儿“斗春联”

等到正月十三上午，各条巷道则会抽出精干人员前往村北约2.5公里的文祖镇政府表演。在镇政府的机关大院，表演队伍的演员人数会比前一天给巷道内部居民拜年时稍多一些，但离正式表演还有很大差距。镇政府一般会安排专人等候。每条巷道的表演队伍都会获得100元或200元的"赏钱"(红包)。因为得钱多少主要取决于巷道"拜年"队伍准备得是否充分，加上钱数差别并不明显，所以现场从没有因为"赏钱"问题闹出不快。

出发前去拜年的扮玩队伍

很多时候，镇政府还会以"文祖镇民间文艺表演比赛"的名义鼓励、组织所有拥有春节演出项目的行政村进行会演，会演的优胜者可以代表全镇到章丘市(现为区)政府演出。三德范村的扮玩经常毫无悬念地拔得头筹。

大约从1990年起，每年正月十四和正月十五两天，三德范村都要组织扮玩队伍，在8:00之前赶到章丘参加会演。这种会演经常以"第×届民间艺术表演"或者"章丘芯子大奖赛"的名义举行。因为是选拔性的"比赛"，为了稳操胜券，三德范村一般会在管理区的精心布置下打破各条巷道的局限，集全村之力，组织一支精干队伍赶赴章丘演出。从观赏性和代表性的角度出发，张家巷的芯子《王小赶脚》《三打白骨精》每次都是参加会演的保留节目。

在上述情况之下，从20世纪90年代初到21世纪初，村内的"精英队伍"在本村进行元宵节表演的时间并不多，他们白天奔向镇政府、市政府参加会演，晚上才能挤出点时间玩龙灯，耍狮子。不过，因为庄大人多，不能外出参加会演、比赛的村民就在村内自娱自乐。虽然人数、规模、难度、观赏性、吸引力降低了不少,但好在扮玩杂项很多,村内的妇女、少年、儿童还是玩得不亦乐乎。

2014年后,章丘市、文祖镇不再组织群众会演,三德范扮玩的“精英队伍”便回归了村落内部表演的舞台,并一直延续至今。

如今,随着“民俗热”的兴起,三德范村的扮玩队伍越来越受欢迎,经常应邀到外地进行表演或参加一些比赛。但凡外出比赛,大家都会打起精神,力争上游。

在三德范,还流传着一个三德范人的扮玩在淄博市博山县(今博山区)扬名立万的故事。这个故事的版本和细节异文很多。在田野访谈过程中,村民赵介武讲述的故事最有代表性:

> 每年扮玩村里要先选“官”,也就是领头人。扮玩官首先自己家里要有足够的粮食,因为得有能力拿出点来给大家吃。那年扮玩,先推选出“官”来,“官”又选了“书办”王东岭,王东岭当选后就指定了村里各个巷道的“地方”(头目)和每个巷道出演的节目。
>
> 正月十六本村扮玩结束了后去博山,白天表演彩船花轿、竹马高跷、狮子秧歌、刀枪剑戟、棍棒流星鞭;晚上玩灯,有龙云彩灯、八卦八仙灯、鲳鱼蛤蜊灯。不管到了哪里都受欢迎,一直演到农历四月初,博山老百姓还不让回来。
>
> 这天来到博山县城演出,博山县本地的扮玩头目看到三德范的竹马太出风头,就偷偷派了七个壮汉,骑着高头大马闯进表演场地,破坏演出。那竹马怎么能跑过真马呢?一会儿竹马的步子就乱套了,演员气得不行。王东岭就给一个“地方”使了个眼色。“地方”拿起军棍在桌上一敲,大喊一声:“单家巷的棒槌伺候!”单家巷儿个练武的早就忍不住了,听到“地方”一声令下,就手提棍棒,就地十八滚,分别滚到七匹马底下,将马腿打伤打断。博山县的头目赶紧把人、马拖下场跑了。好歹竹马演完了《双锁记》,扮玩队伍连夜撤回到了三德范。从正月到四月初六,在博山整整扮玩了81天。[①]

① 访谈对象:赵介武,男,三德范村人。访谈时间:2015年3月14日。

这个版本的故事非常精彩。但是，开春就得准备农忙，三德范人怎么舍得在外乡逗留那么长时间呢？主编《三德范庄志》的张福经先生以一种极富文采的方式从“礼物流动”的角度对“博山扮玩81天”的缘由给予了补充和说明：

博山向来是商业重镇，城内街道纵横，商贾云集，店铺林立。扮玩期间，街上、商店里的人大增，凭空生出无限商机。三德范扮玩队伍的到来，将当地的节日气氛推向高潮，波及全县的每个角落。于是，邀请去乡下扮玩的请帖连夜而至。金家巷的“书办”王东岭既高兴又为难，高兴的是演出得到群众的认可，为难的是到乡下演出必有诸多生活困难。博山县令吩咐，三德范扮玩队伍可逐村演出，各村管吃管住，认真伺候，违者本县不恕。有此口谕，王东岭大为放心，与县里的随员共同商议后，根据村庄大小远近依次安排。扮玩队伍所到之处受到老百姓热情款待，演出更加卖力。村民扶老携幼争相围观，万人空巷，随队逐村观赏者无以胜记。

从正月十五开始，至四月初六，扮玩队伍在博山整整演出了80天，所到村庄及演出场次不计其数。农历四月已是农忙之际，队员们牵肠挂肚放心不下。再说长时间演出，渐显疲惫，回乡之念顿生。王东岭多次提出回籍的要求，县令总是真诚挽留。加上请帖频频而至，应接不暇，演出队处于进退两难的境地。王东岭与众人商议说：“常言道，天下没有不散的宴席，送君千里终有一别，我们浩浩荡荡而来，增加了友情，静悄悄而去，省了人家的麻烦。”大家一致同意留下道具连夜回家。四月初六深夜，全体人员悄悄踏上了回乡之路，四月初七安然到家，王东岭心里一块石头总算落下。此时地里的谷苗已呈老黄之态。

博山县令闻之，深感遗憾，为未能酬劳送行而扼腕叹息。博山民众也深感留恋，并将扮玩队遗弃的部分道具收于庙内妥善保管。几十年后，庄内去博山谋生的人尚见道具置于庙内的横梁之上，当地长者对那次扮玩仍交口称赞。[①]

① 类似故事可以在《章丘文史资料》第12辑《章丘民俗》的相关章节里找到。此处为笔者根据张福经老人的讲述整理。

在田野访谈中，比较令笔者感到惊讶的是，无论老一代村民还是年逾四旬的中年人，很多人都能讲一段“三德范扮玩大闹博山县”的故事。虽然不同的人在讲述这则故事时会有具体情节上的差别，但这并不妨碍三德范人津津有味地品味这个故事、品评本村扮玩水平的高超以及怀念那些充满智慧和勇气的远去的祖先。

曾于2006年带领三德范扮玩演出队伍远赴广东广州参加文艺会演的张烈民老人，还声情并茂地讲述了当年“三德范扮玩轰动广州城”的情景：

> 那年我们去广州比赛——就是获了“山花奖”那次。
>
> 我们住在一个湖里面，湖心岛上，四面全是水。由于人生地不熟，住了一个多星期也没敢出去玩。我们比赛那天，人山人海，全场的观众都包围着我们。别的地方也来参加比赛，人家叫抬阁、叫飘色，不叫抬杆，也不叫芯子，我那时也才知道芯子原来叫飘色。他们演得都很好，可咱们一上场，把他们全给比下去了！比赛一结束，有人就宣布了：三德范，第一名！
>
> 上场领奖时，现场掌声十分热烈，所有的人都呱唧呱唧地给咱们拼命地鼓掌！你不在那个地方，给你说，你也想象不出那个场面来！①

三、高潮：“大扮玩”

最晚在正月初九，扮玩活动就由“领头的”开始分头张罗。从那时起，关于“今年上什么节目”的讨论成为每条巷道老少爷们的主要话题。三德范村每条巷道的“领头的”一般为2～3人，多者可达5～6人。

从一定意义上来说，“领头的”都是巷道里年节扮玩的“精英人物”。他们的年龄大都在50岁以上，平均年龄为65岁左右。当然，最近两年，一些社会交往能力较强或才艺水平较高的青年人逐渐成为受年轻人认可的“领头的”。

在20世纪90年代，三德范村的扮玩活动一般从正月初七或初八开始，一直表演到正月十五。活动是否热烈与年景有很大关系。到了2000

① 访谈对象：张烈民，男，三德范村人。访谈时间：2016年12月7日。

老人是传统意义上的扮玩领袖

年左右，正月十二、十四、十五、十六这几天扮玩活动比较隆重，其中尤以正月十五最为热闹。正月十三休息一天，据说是避讳“杨公忌”。

近10年来，扮玩演出则主要集中在正月十三、十四、十五这三天了。三德范村扮玩活动的具体表现形式五花八门，就像老百姓的顺口溜所概括的那样：“东道云彩西道龙，金家胡同蛾子灯。陈家胡同是八卦，齐家胡同玩花瓶。西崖八仙来过海，辛庄唐僧去取经。张家胡同玩瑁鱼，东沟哆嗦蛤蟆灯。单家胡同不玩灯，大刀一舞满地红。”事实上，这种五彩缤纷的节目会演具有悠久的历史传统。我们在华北地区许多地方志的记载里都能找到这些乡间艺术的影子。如《临朐续志》卷二十二载：

> 乡人积习相沿，每届元宵恒醵钱作戏。范竹为具，而蒙之以纸，有若龙者，若马者，若麒麟者，若舟车者，更有肖形为虾蛤、鱼鳖诸水族者。而一班青年涂朱抹粉，扮作浪子荡妇，挈具盘旋，并演唱杂剧以助余兴。①

具体到三德范村，这些民俗表演项目主要有：

旱船 三德范的旱船分为花船、草船两种，它们都用毛竹的竹篾扎制而成，船体的长度在5米上下。传统的花船纹样多由水纹、荷花、水鸟组成，白底彩纹十分醒目。至于船篷，则用红绿相间的绸布或者花布制作，四

① 丁世良、赵放主编：《中国地方志民俗资料汇编(华东卷)》，书目文献出版社1989年版，第203页。

个角上还常常挂上彩球、流苏等装饰挂件。船面一般也要用花布覆盖。整条船因而显得既喜庆，又美观大方。备选的剧目一般是《许仙游船》《双生赶船》《打渔杀家》。乘船者站在船体内部，船面上装着假腿、假脚，一眼望去，给人一种演员坐在船上的错觉。船的两舷系着细绳，细绳从演员的衣袖内穿到肩膀或腰上，既能稳定船身，又能减轻演员双手持船的负担。除了船内的演员，船外还需要一位演员做“艄公”。表演时，旱船一般在队伍的前后游走，位置灵活。艄公手持船桨或者竹竿先做起锚、升帆的动作，再做划船的动作。旱船游动起来后，或作“之”字形，或作“8”字形，表演的套路并不复杂。乘船者、艄公配合得非常默契，使旱船起伏有致，远远看去，给人以船行水上、波澜起伏的动感。

旱船

旱船表演里的“七品芝麻官”

草船与花船的区别在于，花船的装饰相对大方庄重，而草船的装饰则显得丑怪滑稽。草船表演时跑动幅度很大，忽快忽慢，忽高忽低，多表现与风浪搏斗的场面。演员形象滑稽，动作搞笑，尤其注意跟场上观众的互动。

竹马　三德范的竹马，主要是以细竹竿扎制而成。制作时，人们先用竹竿扎成马架，然后将布覆在表面做马衣。竹马的背上留有直径约50厘米的圆孔，表演时演员站在孔内。竹马的外侧装饰有假马腿。表演前，演员用绳子将竹马固定在腰间，下身用布匹包围，下摆以遮住演员的脚为限。

骑竹马的祖孙俩

竹马

表演时，演员手握缰绳，使马头随步伐上下摆动，神情、体态都要与表演的情景相符。按照老人们的说法，竹马的表演分跑马与武打两种。跑马讲究步调的一致和队形的变换，主要步伐有“十字步”“跳马”“踏步蹲”，队形则有“8 字串花”“二龙吐须”“回头望月”等。演员的扮相主要取自《百岁挂帅》

《昭君出塞》。在很多老人的记忆里，跑马的看点主要是演员衣着鲜艳，步调整齐，旗幡伞扇穿插其中，马队声势浩大而壮观。武打的竹马表演已经多年不见了。武打人物据说多取自三国，主要动作有“对花枪”“大刀破花枪”“封腰”“扫马腿”等等，更多体现出武术的元素。

武术 20世纪60年代以前，每逢扮玩表演，武艺娴熟的单家巷居民最为耀眼。武术表演包括拳法表演与器械表演两种形式。器械有梢子棍、三节棍、七节鞭等，或单练，或对打。除了兵器，单家巷表演的花棍在周边村落也有很大的名气。花棍用1.6米长的白蜡杆做成，以红、黄、绿三种颜色的锯齿状纸条缠裹，棍的两端再各自固定一朵彩花。表演者单手舞动，可根据自己功夫的高低在胸前翻出数量不等的花朵。彼时各类器械相撞，“啪啪”作响，观者也是看得眼花缭乱，心惊肉跳。此外，这些武术表演还承担着开辟、护卫表演场地，阻止人群冲撞的职责。

少年武术队

龙灯 龙灯表演是与元宵节相结合的最普遍的一种民俗表演。三德范的龙灯一般分为头、身、尾三部分，以竹子扎制而成。龙头要先做成硕大的椭圆形框架，里面安放2个灯座做眼睛，外部用细纹布包裹，嘴部要做得可以上下闭合，眼皮也要能上下开翕，以示灵活。龙身分成若干节，每节装有茶碗粗、长约1米的木棍一根，充当舞龙者的手柄。龙身长度一般在20米左右，直径为60或70厘米，内用铁丝做成圆形，安上灯泡或蜡烛，外用纱布包

裹涂色，并画鳞纹和云彩。舞龙者一般为10人左右，具体人数的确定要考虑龙身的长度。龙尾长度一般在1米左右，呈圆锥形，内设一个灯座，外面同样罩着花纹布，绘有龙鳞，尾尖绑有一个大红穗头。龙尾也有一个木柄做支撑。

舞龙队

与龙灯配合表演的道具还有龙珠和云灯。龙珠是直径约25厘米的圆球，圆球内部有轴可以转动。整个圆球镶嵌在2米长的木棍上。云灯则是以竹子劈扎成的云形框架，内设灯座，外罩薄纱，上绘云水图案。龙灯表演前后有“取水”“谢水”仪式。表演时，一人在前用绣球（龙珠）斗龙，其他人举起龙，表演“二龙戏珠”“双龙出水”“火龙腾飞”“蟠龙闹海”等动作。因为每节龙身都可以发光，所以俗称“龙灯”。

蚌灯 正月十五是元宵节，也是“灯节”。三德范的扮玩白天是芯子的天下，夜晚则是灯火的海洋。其中，生肖灯、蚌灯、蛾子灯等是许多巷道尤为引人注目的灯火样式。蚌灯用竹篾扎制而成，由演员操持，舞动起来形态一张一合，宛如发光的河蚌。两扇蚌壳高约1.6米，宽约1米，中间略凸。演员夹在两扇蚌壳中间，可以包裹得十分严密。蚌壳制作成型时，先用白纸裱糊，再将以红、黄、绿三种纸张剪成的锯齿状纸条彩带贴在蚌壳表面，以表示蚌壳上的花纹纹样。蚌灯制作得十分精巧，每片蚌壳内都安装有一个手柄和一个灯座，蚌灯的开合与蚌的开合恰恰相反。演员手持把柄，通过绳子将后背与蚌壳连接，以免蚌壳脱落。

蚌灯

舞蚌灯的演员现在一般都由女性担任，她们扮演传说中的“河蚌精”。演员服饰为白色或绿色的拖地裙，扎裹得很紧，显得十分干练。旧时男人是各类扮相的主力，他们常常头戴环佩，面化彩妆，装扮成女士，夜晚在灯光的照耀下显得婆娑俊美。传统的蚌灯表演是一场“对角戏”，会有渔翁打扮的老者跟“蚌精”一唱一和。表演时，装扮成渔翁的老者头戴鸭嘴毡帽，面戴胡须，身穿黄袍，手持一根竹竿，故意在“蚌精”面前引逗。只见渔翁蹀蹀躞躞，伺机撒网捕蚌；“蚌精”则扭扭捏捏，扇动“蚌壳”，随时准备夹住渔翁，场面紧张有趣。此外，“蚌精”两人一组，还能结成蚌灯对舞，只见两只蚌一左一右、一高一低、一开一合，时而齐头并进，时而四壳围成一圆，作旋转漂移状，人影衬着灯光，颇具梦幻飘逸的美感。

芯子　不仅是三德范人，四邻八乡的老百姓也都认为，扮玩的代表性节目是“芯子”。芯子因酷似旧时的蜡烛台及其直立的灯芯而得名。由于正式演出时须多名男壮劳力轮流肩抬衡木，所以三德范人又将芯子称为“抬杆”。衡木是用粗细均匀，韧性、弹性较好，长约 6 米的鲜杨木制成的。两端安装扶手，杆身用红绸包裹。为减轻抬杆人负担，上抬杆的演员都是五六岁的男童或女童，体重一般在 25 公斤左右。以太平街的《寇准背靴》选角儿为例，如果为“寇准”这个角色选择演员，一般会选择方面大脸的小孩，这样方便“戴胡子”

（戏文里的“髯口”）。而脸型瘦一些的小孩就不合适了。如果要选一个扮演“柴郡主”的演员，就需要找一个小脸的孩子，这样穿上女装要好看得多。这个过程被村民们称为“面试”，是选角儿的第一步。第二步是“台试”。芯子就是一根横杆，中间有根小横梁，横梁上面有绑小孩的柱子。村民们把小孩绑在柱子上，看小孩的心理素质。胆量大的孩子才能被选中。

芯子的演出准备

正式演出时，每条巷道少则出一架芯子，多则出两三架。元宵节当天“压轴”出场时，则能看到十几架芯子首尾相接的壮观场面。按照传统，各条巷道的芯子形制和表演内容都有很大差别，任何一条巷道都不会以模仿或照搬的形式去复制别的巷道的芯子，这是所有村民心照不宣的规矩。芯子演出的内容多涉

芯子

及戏文，如《白蛇青蛇》《哪吒闹海》《寇准背靴》等。表演时锣鼓声势要大，演员节奏要与抬杆颤幅保持一致，强调抖动杆木，上下颤动。抬杆的汉子多弓腰、弯腿、慢步、轻摇。身着各类戏装的儿童则手持彩绸，在离地面六七米的高处做出各种舞蹈化的姿态。演出一般持续3天。每当此时，街道、房顶、墙头、阁楼、桥面上都会站满本村和四邻八乡闻讯赶来的观众。以正月十三为起点，正月十五为整个活动的高潮。扮玩在一个富有节奏和秩序感的组织过程中实现了一种村落狂欢式的游艺热潮。

扮玩活动的传统路线是走街串巷，最后在村落中心的大块空地进行会演。20世纪80年代初，随着人口的增多，宽松的宅基地划拨政策导致住宅用地面积飞速扩张，街道开始变得很不规则。此时，村庄中央地带的巴漏河上已经修建了5座桥梁。为了省时省力，扮玩活动的路线由庄内环游改成绕巴漏河两岸及桥梁环游的“口”字形路线。此外，整个演出过程中，各巷道的队伍要遵循相对固定的次序。据说，每条巷道谁前谁后“都有说法”。

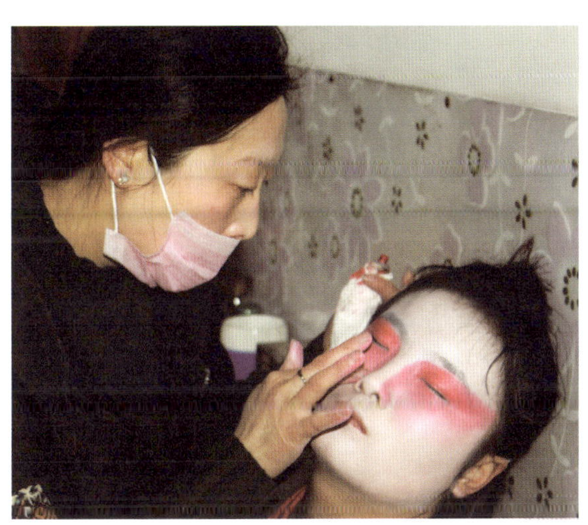

西道巷赵淑美在给小演员化妆

我们以2015年正月十三这天三德范东村陈家巷的扮玩活动为例。

这年，陈家巷有两位老人在冬季先后去世，为了表示哀悼，陈家巷的扮玩准备活动比往年晚了两三天。在当年的扮玩中，陈家巷新增了孙悟空、唐僧、沙僧、猪八戒等几个“扮相”，皆由中年妇女扮演。上午8:30，三德范东村村委会的大院里已经有位六旬上下的男子在操练，这位老人先是做健美操，

然后伴着戏曲戴着花环原地跳舞，故意把动作做得很女性化。此时，一圈老太太围着不走，边看边笑边评议，并当面调侃其娘娘腔的“丑态”。这位村民却“我行我素”，毫不介意。

东村准备拿手戏“转芯子”

村委会东侧是一排二层小楼。一楼的空房间里，老人们正在给小演员“递脸子”(化妆)。化妆对象主要是几个表演旱船、竹马的中老年妇女和一个扮演丑角的男人。在院子中央，舞龙队正在操演。按照传统，舞龙是不允许女子出场的，但是现在只能由女子担任主力。一位中年男性手持龙头给妇女们做动作示范，包括龙头的舞法，龙身、龙尾的舞法。他边说边跑，游动穿插，并一再要求妇女们将“力与美”结合起来。上午8:00左右，同样隶属于三德范东村的东沟巷以儿童竹马为特色的一支扮玩队伍，敲锣打鼓前来给村委会拜年。正在训练的陈家巷人赶紧让到一边……

等东沟巷这支拜年的队伍离开，陈家巷队伍立即点燃鞭炮，并在村委会大院广场前的超市门口试着表演一圈。这时，店主快步上前，满脸笑容地塞给“领头的”1张百元纸币和1条香烟。随后，“领头的”高高举起店主赠送的纸币和香烟，女子舞龙队也跑得更快了。一刻钟后，女子舞龙队稍事休息，并一起探讨接下来的拜年筹资活动。组织者承诺，稍后会有汽车前来接她们赶往村外的拜年地点。正在交流着，一辆国产的“跃进”牌皮卡开进了大院，队员们手持各自的道具争先恐后地挤上卡车。不知道谁被踩了一脚，夸张地喊了一声“哎哟娘哎”，大家都笑了起来。随着汽车缓缓驶出大院，人们的笑声也渐渐消散。

西道巷的扮玩演员

上午10:00左右,各条巷道按照统一规定的时间在玄帝阁周围集合,准备绕巴漏河巡游。排在首位的是金家巷扮玩队伍。在队伍最前面,一名妇女和一名儿童各持一面彩旗开路,其后是一位高举写着“金家巷”三个大字的红纸的青年人,接下来依次是彩旗方队、锣鼓方队和旱船队伍。往后间隔四五米,紧跟着的是陈家巷扮玩队伍。各条巷道的彩旗、横幅、锣鼓队伍形式基本一致,但保留节目各不相同。最后压阵出场的一般是“浓妆艳抹”的张家巷扮玩队伍。

张家巷的化妆能手

陈家巷的"拿手绝活"是被称为"芯上芯"的《吕洞宾戏牡丹》。

表演时，扮演吕洞宾的小演员坐在第一层平台，扮演牡丹的小演员站在第二层。整架芯子高 4～6 米，由 8 名青壮年手抓肩扛，小演员的父亲和叔伯则手持缠有软布的钢叉侍立两侧。芯子的圆形木质基座由多根木料搭建而成，外面裹上花绸，在基座中心有一根铁杆直插到高处。因为整套装置隐藏在演员的衣裳和裙摆下，观众并不会看穿其中奥秘。

按照传统，游艺节目最多的张家巷排在 10 条巷道的最后。张家巷压箱底的表演节目是"转芯子"。这种芯子将隐藏在基座上的铁架做成"U"形，演员可以在戏服下的装置上做出倒立和翻跟头的动作。与此表演动作相呼应，张家巷的保留节目是风格活泼的《猴子摘枣》和《王小赶脚》。

男童扮演的"王小"

女童扮演的"二姑娘"

关于三德范村扮玩队伍的出场次序和表演秩序问题，张烈民这样说：

在过去的时候，我们村扮玩就很出名，原因有两点：一是 10 根巷道出来后，大家敲起鼓来可以节奏一致，其他地方那是乱敲；二是说停能一起停，"唰"的一下几十面锣鼓一下能停下来……为什么张家巷队伍排在最后？因为张家巷的人最多，节目最多，芯子最好看。所以多少年来，我们压轴出场，并且是主动让着其他巷道后走。全家巷第一个出场，张家巷则既是压轴又是压阵，这是老规矩。[①]

从正月十三开始，所有巷道的扮玩队伍在上午10:00左右出门，依次围绕河道游走一圈后各自返回，结束时间刚好在12:00左右。傍晚，各条巷道的扮玩队伍再次出门，表演的节目主要是“舞花灯”。云灯、生肖灯、蚌灯是东沟巷的专属节目，其他巷道则一律以龙灯为主。演员人数、节目内容会因光线原因大量减少，但在夜幕中气氛反而更加活泼。活动一般在晚上六七点钟结束。在正月十五之前，各条巷道都会适当保存实力。按照惯例，正月十五这天才是“正日子”，每条巷道最精神的演员、最规整的队伍和最精彩的节目都会集中在这一天以最高水平展现出来。最后，随着元宵节夜晚的灯火散去，一年一度的扮玩走向了尾声。

四、绝响：“报官”

因为三德范俗称的“抬杆”（芯子）具有地方文化学者总结的“高难度、独特性、审美性”的特点，加之在申报市级、省级“非遗”过程中参考周村、临淄等地的申报书统称为“某地芯子”，于是三德范抬杆被命名为“章丘芯子”。它曾作为地方文化的代表参加各类会演，还曾代表传统民间舞蹈参加“非遗”评审，并入选第二批国家级非物质文化遗产名录。从2008年开始，随着三德范的名气越来越大，省、市、县三级电视台关于村庄的新闻报道越来越多。从2013年春节起，除了专业的新闻记者，从全省各地，特别是从济南专程赶来拍摄扮玩的“照相的”成了村庄的一道景观。但是，无论外界如何追捧，三德范人仍然谨慎地指出，随着进城务工的村民越来越多，无论是声势、规模还是节目的精巧程度，现在的扮玩都远不及20世纪90年代初的表演水准。其中，“报官”仪式的消逝就突出地反映了这一点。

朱（指笔者）：现在的“大扮玩”跟以前的“大扮玩”最大的差别是什么？我是说在整个活动上。

单（指单象厚）：村里搞不起来“报官”了。

---

① 访谈对象：张烈民，男，三德范村人。访谈时间：2015年12月20日。

无拘无束自天真

朱：什么是“报官”？

单：一个“官”，是大老爷，一个“书办”，一个“地方”，一个“掌印”。一开始“官”坐轿，不是真轿，有专门的衣裳（反穿着皮袄）、礼帽、眼镜，后来骑马。“地方”负责给他跑腿，下通知。到了年根，最迟在年后初七八，10根胡同就得一块儿开会商量，讨论报谁的“官”，就是推选出“官”来。商量好了，再派人专门去请这个“官”。“官”同意了，他就指派“地方”到胡同里联系指挥，这个过程叫“报官”。

朱：“官”是严肃的还是滑稽的角色？

单：他不是丑角儿，不在脸上画什么东西，也不戴胡子，就是戴一个县官帽，两个翅，在耳朵边一抖一抖的。

朱：也就是说，这个角色是个比较严肃的角色。他唱戏吗？或者说不说词？

单：也不说，也不唱。这个角色可以说是很严肃的。

朱：那选上“官”以后，他管什么事呢？

单：哪个巷道不出节目也不行，这是第一个权威。你演什么角色，你出什么节目，你得报给他。你上芯子，你上什么人物，你汇报了，或者说“官”根据你的情况安排了，你不上那不行。哪条胡同表演什么节

目，不能重样啊。你弄这个，他也想弄这个，乱了套可不行。[①]

1992年前后，复兴后的扮玩继承了“报官”仪式。正月初七八，10条巷道各自的1～2名组织者就聚集起来开会。会议主要有两个议程，首先是大家从巷道组织者内部推选出一个人来担任“地方”，然后继续讨论，公推出全村扮玩的总指挥“官”。至于“官”到底是什么官职，谁也没有深究过，有村民说是“县官”，有村民说是“府尹”。

85岁的台胞齐治平（中）擂鼓助威

所谓“报官”，实际上主要包括“选官”和“请官”两个程序，即通过巷道组织者的集体会议推选出“官”的合适人选，并敦请此人就任。

“官”的诞生必须经过10条巷道的领袖人物会商同意，再举行“报官”的仪式，否则就不能获得全体村民的承认。任何人想要成为10条巷道公认的“官”，起码需要满足两个条件：一是必须是三德范的男性村民，而且年龄、资历、威望能获得大多数村民的认可；二是拥有一定的财富，可以拿出一笔不菲的钱款（旧社会是粮食）作为整个活动的备用资金和启动经费。鉴于任“官”的条件非常苛刻，同时为了尽可能多地筹集活动经费，会议常以差额选举的方式选出4～5位候选人。之后，从当选概率最低的一位开始，按照概率由低到高的顺序进行邀请。鉴于当选“官”的苛刻条件，在最

① 访谈对象：单象厚，男，三德范村人。访谈时间：2016年6月20日。

正月十五"大扮玩"

合适的候选人受邀之前，其他几位候选人基本会有"自知之明"，加以婉言拒绝，并为了证明自己不是因为"乐捐"问题拒绝而"故作大方"地捐赠一笔钱物。这样，在向真正中意的候选人发出正式邀请前，整个组织就约定俗成地募集到了一笔启动经费。

在描述"选官"的过程时，村民们通常会强调三德范与其他村落的诸多不同。他们认为，其他村落的村民只要有钱就可以直接当选，但三德范在"报官"时，候选人"深孚众望"的条件需要放在首要位置。据村民单象厚讲，整个"报官"仪式大致是这样的：

> 20世纪50年代以前，年景、收成好才会在扮玩时"报官"。年景不好就是"穷扮玩"，参加活动的乡民少，总人数不多，往往都是"一小伙"，各玩各的，因此也不需要"报官"。年景好的时候，到了正月初七、初八，有的巷道就忍不住敲起锣鼓了。各条巷道的"领头的"也坐不住了。按照上一年的约定，经过简单的沟通后，每条巷道的两位代表就集体赶到玄帝阁旁边的老祠堂(20世纪80年代后是管理区、联合社会议室)开会。会议的首要议程是推选"地方"和"官"的人选。"地方"的推选比较简单，只要头脑灵活、嘴皮子溜、能跑腿，而且与即将选出的"官"没有矛盾就可以了。

“官”是大家讨论的主要议题。因为“官”既要有威望，也要家境殷实，而且本人还要愿意担当。这几个条件合并在一起，就经常使讨论进入白热化的状态。受到大家认可的人可能不止一个。遇到这种“甜蜜的苦恼”时，村民们就要按照少数服从多数的原则，选取意见最为一致的一位。

“官”一旦确定，各条巷道就会敲锣打鼓拿着大红喜报到“官”的住处报喜。“地方”进门就高喊：“大老爷，给你拜年了！”然后跪下磕头。一般一看这个阵势，这个人就不能再推辞了。如果事先接到消息，还得提前准备好两个大红包给“地方”。之后，“官”要根据自己的家庭情况，拿出一宗钱物作为活动的启动经费。从“报官”这天起，“地方”就得在“官”家里吃喝了，因为他要随时听候“官”的调遣。①

正月初八九上任后，“官”会坐在老祠堂或家里调度指挥。此时，各条巷道都在紧锣密鼓地筹备自己的扮玩。与今天通过拜年的形式向胡同里的各类“能人”筹钱的形式不同，在 20 世纪 80 年代之前，全村每家每户都必须拿出一些钱物来支持扮玩。单象厚至今记得，在 1982 年底，因为三德范办事处倡导全面恢复“大扮玩”，各生产队的热情很高，要求每人捐款3 角钱。捐款主要用来购买各种服装和道具。有的家庭有 5 口人，须捐款 1 元 5 角，但全家只能凑出 1 元。好在单象厚主持的生产队搞了点“副业”，帮助这种情况的村民垫付了 5 角钱。后来，整个生产队花了两年的时间才用扣除余粮款的形式将村民的欠债还清。

“官”诞生后，“地方”要根据“官”的指令，马不停蹄地穿梭在各条巷道，既要及时地将“官”对扮玩节目、参演人数的要求传达给“领头的”，也要搜集、整理、汇报每条巷道的准备情况。到了正月十四，各条巷道的演出节目基本准备妥当，演出巡游的路线也在“官”的统一指挥下大致确定。与今天围绕巴漏河上架设的桥梁进行巡演的路线不同，20 世纪 60 年代，巴漏河上是没有桥的，传统意义上的巡游是在村庄内的胡同里穿梭。因此，为了避免“撞车”，几千人集体行动的时间、地点、路线等都要由“官”统一调度。在老人们的记忆里，虽然没有严厉的处罚措施，但几乎没有人会违背“官”的指示。

① 访谈对象：单象厚，男，三德范村人。访谈时间：2016 年 6 月 20 日。

与此同时，“官”可以在家里接受村民们以“拜年”为名义的祝贺行为。按照拜年礼仪，该鞠躬的鞠躬，该磕头的磕头，同龄人此时也得“小三辈”。村民们前来拜年的主要动力是“官”会按惯例拿出“礼物”招待大家，例如至少给孩子每人一捧花生。到了正月十四这天，在“地方”“书办”“掌印”和村子里其他有头有脸的人物的簇拥下，“官”开始对演出过程进行巡视。20 世纪 30 年代的“官”，总是反穿着皮袄，头戴礼帽，眼前戴一副墨镜，手拿一根文明棍。他既不唱曲，也不说词，骑着马边走边看，随时对扮玩的演出情况进行评点，并对不满意的巷道作出一定的批评或处罚。

注重“官威官仪”是“官”在整个扮玩活动里最为明显的特点。传说以前章丘县的真县官坐轿出门不小心遇到扮玩的“假官”，也得让“假官”先行一步，自己则必须避道退让。根据一些地方志的记载，有些地方的“灯官”甚至还拥有“断案”的权力：

> 上元赛神，比户悬灯。岁前，立灯官，阖屠侩名于神前，拈之。锁印后，一方之事皆所主。文书可达将军。揭示，有官假法真之语。细事朴罚唯意。出必鸣金，市声肃然，官亦避道。开印之前夕，乃自匿去。①

与这些“灯官”不同，三德范村的“官”主要是负责组织、协调扮玩活动。

20 世纪 80 年代三德范扮玩复兴后，“官”和“地方”仍然是传统装扮——“地方”穿夹袄、戴皮帽，“官”则戴礼帽、拿文明棍。这一时期的扮玩一般从正月初七开始。与今天正月十三、十四、十五连演 3 天的情况不同，那时的扮玩活动主要集中在正月十四、十五、十六 3 天。其中正月十四这天，所有巷道在“官”的统一指挥下，或在村内走街串巷进行表演，或去镇、县政府驻地会演。

“官”就任后对仪式活动的主持主要体现在元宵节，因为正月十五是扮玩的“正日子”。这天，10 条巷道的活动流程和出行秩序都由“官”全权决定，他派遣“地方”通知到每一条巷道。任何巷道接到“官”的指令后都须无条件执行，不能有所违背。接近正午时，所有演出队伍要按“官”的指示向玄帝阁西南方的广场汇集。很快，上千人的队伍有条不紊地来到演出场地，广场正中搭起高台供“官”落座，广场四周则挤满了村庄内外的观众。在村内“有点头脸”的人物的簇拥下，由“地方”开道，“官”上台落座。现场会有专人在“官”

---

① (清)杨宾等撰，周诚望等标注：《龙江三纪》，黑龙江人民出版社 1985 年版，第 212 页。

落座的同时点燃几枚礼炮。礼炮响过后，三德范人会自觉地保持一段时间的安静。对此，张福经老人回忆说："这是三德范村民们纪律严明的象征，没有听说哪个村子能做到像我们这样整齐划一。"

讲"章法、秩序"的队伍

按照惯例，所有演出队伍要依次从高台之上的"官"的面前走过，表示接受检阅。随后，在"官"的示意下，各条队伍有条不紊地走街串巷，从而将元宵节的气氛推向高潮。1992 年秋，章丘"撤县建市"，在当时管理区主要领导张福经的倡议下，经 10 条巷道的"领头的"一致同意，临近退休的联合社副书记张福茂披挂上阵担任"官"，并按照传统由"地方"高举"锦屏府尹"的横幅到城区参加了一场庆祝活动。1994 年，三德范村原本也计划在扮玩活动中组织一次"报官"，但因在临近春节之际村内煤矿出现了安全事故而作罢。从此，三德范的"报官"仪式成为绝响。

第六章 村里的人 村里的事

无论一个社会组织有多大，作为各类社会关系的综合体，它归根结底是由一个个人组成的。费孝通先生曾经将中国社会称为“熟人社会”，实质上也是在强调族群生活的交往性、互动性和情感性。即使在今天，当我们真正走进乡村社会的内部时，我们同样会发现，任何一个胡同、角落乃至村外的河流、树木、耕地、菜畦，虽然在外乡人眼里并没有什么特别的意义，但在村民们的心中，却都熔铸了自己大量的私人情感。大而言之，作为一个历史古村、文化大村，“三德范”这个村落的风土人情、历史传统也并非是抽象的存在，它们其实是由时间、空间、温度、厚度以及各种人物事件累积、熔铸而成的。至于“乡愁是什么”，如果非让村民们用一句轻松的话来回答，那一定是“村里的人，村里的事”。

一、山里人的“雅趣”

如前文所述，与其他鲁中村落的不同之处在于，除了庄大姓多，三德范村还被人们认为是个“各方面能人都很多的文化村”，这为三德范村人的日常生活涂上了一层厚厚的文化底色。虽然年轻人进城务工、寻求定居早已成为潮流，但就大部分村民而言，城市生活值得向往却又遥不可及，他们更多时候是把完全融入现代生活的目标寄托在了儿女的身上。在这种情况下，自己的乡村生活不但要继续，而且还要经营得“有趣”。

同那些王婆卖瓜式的乡村旅游广告不同，连一向善于调侃三德范村的文祖、大寨等周边村落的乡民也承认“三德范的文化能人多，礼节规矩多”。张家巷的村民张烈才举了一个例子来证明三德范确实具备“文化大村”的实力：

> 那年(2014 年)中央电视台来拍我们村，临时安排了一个节目叫“斗春联”。电视台的导演说，你们能不能组织十几个老人现场写写书法，咱们营造一下春节气氛？后来，导演看我们村干部显得有点为难，说如果不好找，让学校推荐一些小孩儿来凑凑人数也行。原因不是难找啊，是我们村会书法的太多了，一条巷道就有十几个。你说找谁不找谁？能叫这个不叫那个吗？这是要上中央电视台的！该找的不找全了，不得罪人嘛！导演一听，说那太好了，能找来多少算多少，我怕你们村里会书法的不多，才没敢多开口的。结果，光 50 岁以上，在家、会书法的，而且还得敢露脸，就是说写得不错的就来了 60 多个。再加上一些老人带着孩子过来，这么临时一找就有将近 100 口子人。[①]

祖孙三代“斗春联”

① 访谈对象：张烈才，男，三德范村人。访谈时间：2015 年 9 月 27 日。

其实，外人对三德范产生“文化村”的印象，还是在真正地走进村落日常生活之后。2013 年，三德范管理区（当时称“办事处”）发起给村内老人在生日当天“送蛋糕”的活动。“送礼人”是管理区和老人所在村村委会的干部。起初制订的方案是为全村 60 岁以上的老人送蛋糕，但经统计、汇总后发现：当时 4 个行政村60～80岁的老人有 1375 位，80 岁以上的老人有 179 位，90 岁以上的老人有 21 位。由于 60 岁以上的老人太多，而管理区财力、物力、人力有限，最后只好将接受蛋糕赠送的老人的年龄段调整为 80 岁及以上。自 2015 年底起，笔者以一名“大学生”的身份陆陆续续参加了 38 次（46 户）“送蛋糕”的活动，并借此得以了解村民住宅内部及其家庭生活的全景。

老宅和老人

从民宅建筑风格上看，除了部分留居老宅祖屋的老人以外，大部分村民都已经住进了 20 世纪 80 年代后陆续修建的住宅中。村民的住宅都比较宽敞，即使是三口之家，住宅面积也大多在 250 平方米以上。

不管住宅新旧，院落和房屋都打扫得特别干净——可以肯定这不仅仅是为了精心准备家庭聚会。村民们的住宅基本都是坐北朝南，老屋大多保持着旧时风貌，新建住宅则在内外装饰上都尽量向现代化靠拢。大部分家庭会在院落或客厅里种养三五种花草，文竹、常春藤、豆瓣绿、散尾葵、吊兰、滴水观音、兰草是常见的品种——这在一个缺水的村庄凸显了一种乐观而又富有情趣的生活态度。最引人注目的往往是客厅中堂悬挂的书法作品：

“玩葫芦雕刻”的村民

除了家庭照片以外，与许多北方农村居民乐于悬挂或张贴艳丽的工业印刷品不同，在三德范，由房屋的主人或本村其他村民亲笔书写的各类书法作品常常占据房间里面最重要的位置。许多时候，张烈贵、张福琛等村内“书法家”的作品还可以在不同村民家中看到。有些村民更是以家中悬挂或收藏有“老字画”而自豪。

根雕：寒梅数枝开

除了爱好书法创作的村民人数较多以外，根雕、奇石、葫芦雕刻、泥塑、木雕、石雕等从制作到赏玩、交流，每个门类也都不乏其人。

值得一提的是，除了村民张烈贵近年退休后在村内开设了书法班以及村民赵新忠因为身体原因以出售葫芦雕刻品作为家庭收入的重要来源以外，并没有多少人围绕“艺术”从事专门的生产经营活动。

二、老辈能人

2013 年，章丘地区小有名气的“章丘市书画艺术协会”率先在文祖镇设立了分会，三德范成为章丘南部唯一的村级分会。同年，三德范人还自发成立了“三德范传统文化研究会”。虽然这两个社会组织的日常活动并不多，但是爱好艺术活动且踊跃入会的村民们很珍视自己的“会员”身份。有意思的是，村民们之间同样存在“文人相轻”的心态。全村除了寥寥几人的某些技艺广受肯定，似乎大部分人的“艺术水准”都无法得到同好间由衷的认可或好评。而当他们谈到周边村落时，则表示无论是门类、人数还是水平更不值一提。不光此类“艺术活动”，从某些技艺或技能的角度观察，三德范的能人也比较多。例如，全村可以在红白喜事上独当一面的“大厨”超过 60 位，下象棋的村民能在文祖镇政府组织的象棋比赛中“包揽前三名”。

从更长的历史时段看，这种艺术能人群体在村落内部的涌现不是偶然现象。在纂修《三德范庄志》时，张福经用了很大的篇幅，对自己和其他老人们生活记忆里的能人作了记录整理，如机智幽默的“故事家”张传淇（俗名“张呆子”）、“板话天才”姜福九（俗名“姜梦子”）、“曲艺魁首”赵荣朝（乳名“成活子”）、“戏曲能人”王起业（乳名“义和子”）。根据《三德范庄志》的记载和三德范村村民单象厚、张烈民、李景兴、宋广艺等人提供的访谈资料，兹整理这些“老辈能人”“传说人物”的逸事数则：

张传淇　三德范村张家巷人，生于 1877 年，病故于 1957 年，俗名“张呆子”。幼年就读私塾，熟读“四书五经”，爱看趣味小说。在劳动之余，讲故事好像是他的主业。虽然他有点口吃、声音嘶哑，但听起来反而别有一番趣味。有关张传淇的故事，以表现他遇事反应快、机智灵敏的为最多。

和谐的熟人社会

20世纪30年代的一天，当时的庄长张传瀛和金玉儒、赵国庭两人在酒馆喝酒，他们看到张传淇从远处走来，佯作不见。张传淇回家就写了张纸条，贴在了玄帝阁下："二德范庄两头平，当家主事的张传瀛。陪吃陪喝的金玉儒，随随和和的赵国庭。"三个人哭笑不得，以后喝酒再也不敢故意背着张传淇了。

还有一个故事常被庄里识文断字的老人们提起。中华人民共和国成立初期，张传淇编了个字谜，谜底是一个人名。他说："反手提笔点天文，四幸常在水边存。栋梁去了通天木，五湖四海第一人。"听众百思不得其解。这时候，张传淇才得意地说："这不就是咱们的领袖毛泽东嘛！"

姜福九　三德范村张家巷人，生于1898年，病故于1971年，俗名"姜梦子"。很多二德范人说，以前在章丘南部可能有人不知道姜福九，但没人不知道姜梦子。他既不认字，也不识数，大半辈子以挑卖苇席为生。虽然没念过一天书，但他却能出口成章，每句或3字或5字，或7字或9字，长短相间，合辙押韵。随着售卖苇席的路线渐渐广为人知，他走到哪都被要求来一段。一日，他从章丘白云湖挑席回家，在分水岭村与胡同里的邻居恰好迎面相遇。此人问候说："梦哥今日可好啊？"姜应声说："好啊！上北走刮北风，上南走刮南风，站住不顾蛹（不动），还刮

了个大旋风。”这还不算完,他接着说:“大清早没吃饭,弄了您哥哥一身汗。买了三十五个席,一头捆上各一半。剩下一个送人了,你说合算不合算。”话说完,两人大笑而去。

1947年,三德范“土改”时期。这天,姜梦子去村公所办事,路上遇到了站岗放哨的民兵。他到哪都会被要求“来一段”,这天也不例外。他人没走到话先到,说:“弟兄们当民兵,不是去站岗,就是去放风。一支大盖枪,子弹也稀松。见了还乡团,就用棍子扔。”民兵们一听不满意,要求他必须按“土改”这件事说,说不好不让走。姜梦子赶紧改口说:“共产党八路军,专和穷人一条心。斗了地主王庆良,又分土地又分房。老王家分了一头驴,老李家分了两只羊。年老年少搞生产,年轻的拿枪上战场。上战场,打老蒋,土匪汉奸不漏网。姜梦子说的是实话,有半句瞎话你骂娘。弟兄们千万别生气,我有事赶紧去找村长。”大伙哈哈大笑,这才放开姜梦子让他走人。

20世纪60年代,或许跟集体劳动有关,关于姜梦子说顺口溜的逸事尤多。如1964年整修老章莱公路时,大家在劳动间歇堵住姜梦子让他说一段,他张口道:“修公路民工多,洋镐铁锨随意摸,一直修到头,赶快跑汽车,不是拉他娘,就是拉他爹,呜!呜!呜!”说完,自己一溜烟跑了。

赵荣朝 三德范村辛庄巷人,生于1920年,病故于1992年,乳名“成活子”。赵荣朝上过几年私塾,但因家境贫困,读了两三年就辍学了。他务过农,干过小买卖,下过煤窑,去东北垦过荒,还做过伐木工人,但一生不爱财,也不善理财,随挣随花。赵荣朝天生爱唱戏,对各种曲艺门类都喜欢学习模仿。据说当年逢年节扮玩,赵荣朝一登高台开口,几千人的戏场鸦雀无声。山东大鼓、山东快书、京剧、吕剧、黄梅戏,各种吹拉弹唱,甚至口技都样样精通。20世纪50年代,他自学拼音字母,随后在1954年的扫盲运动中成了授课教师。20世纪60年代,他去东北垦荒,劳动之余跟着当地人学“二人转”,带艺返回后开阔了三德范人的眼界。

王起业 三德范村西道巷人,生于1929年,病故于1980年,乳名“义和子”。王起业少时不爱读书,学无所成,但是喜欢音乐,一听就会,一听就迷。十来岁就自己仿制笛子、箫等乐器。因为沉迷于京胡、

熟悉的街头故事和舌尖味道

二胡等乐器的吹拉弹唱，不把种田耕地放在心上，他年轻时在家常被骂"傻子"。1948 年参军，1952 年复员还乡，带回来一身天南海北的曲艺，粤剧、昆曲、黄梅戏、京剧、吕剧，大段小段都能自弹自唱。劳动之余，听王起业吹拉弹唱成为很多人的集体记忆。1979 年，他被长水村聘为琴师，但随后不久即病逝。

令人感慨和疑惑的是，为什么一个村落有这么多世代在土里刨食的农民乐于从事这些或雅或俗的"艺术活动"呢？仅仅是因为庄大姓多吗？既是"养猪大户"又种着 5 亩田地的中年农民张烈才，同时还是一位根雕、石雕、书法、国画等诸多高雅艺术的爱好者和创作者。他从自己的感受出发，解释了这种乡土艺术发生的逻辑。

朱（指笔者）：为什么村里这么多人喜欢书法等艺术活动？

张（指张烈才）：爱好书法是因为有历史传统，老一辈会写字、爱写字的人就比较多。后来，在 1949 年前后，我们村里学校的老师书法好，教学生严格，也培养了一批书法好的人。玩根雕是因为住在山边，刨地的时候不小心就会刨出荆棵根来，琢磨琢磨像什么样子就自己慢慢动手做了。

朱：那这么多类型的东西，总不能每一样的原材料咱们村里都出产吧？

张：这可能跟我们村原来比较富裕有关系吧。有两个闲钱，又不会干买卖，也不用出远门，老一辈喜欢的多，自己就慢慢学会了。

朱：你们这些爱好者平时有什么交流吗？

张：我们春节的时候会在"郭子"（玄帝阁）旁边的"老祠堂"搞展览。那是给村里人看的，水平好的就都拿出来，大家积极性很高。平时都是自己玩，自己巷道爱玩的互相切磋一下，没有集体交流。搞书法的张烈贵退休后在村里办了个书法培训班，每个孩子收费 200 块钱，附近文祖、大寨的孩子也都来学习，一次能有 100 多人，算是唯一一个做成职业化的。①

三、传说人物

在三德范村，流传着许多人物故事。故事中的人物形象鲜明，个性突出，影响了一代又一代三德范人。下面是采访村民得来的两则人物故事：

"陈善人"的传说

三德范村至今有句顺口溜，说"陈江、陈虎，油瓶倒了不扶"。这句话乍一听像是在讽刺败家子。其实不然，这是三德范人以艳羡、夸张的口气称赞陈氏家族的生活富足，家境殷实。在传说当中，三德范陈家巷的陈江往往被称作"陈善人"。

据说，陈江生活在晚清至民国时期，他家境富足，生性慷慨，从不吝惜财物，不但经常拿钱财接济街坊邻居，而且还常常将家里的农具搁置在大门外，让穷困人家随意取用。如果还回的农具坏了，他自己找人修理；如果农具丢失，他则找人另制，从无怨言。

陈江人品高尚，古道热肠，乐于帮助穷人。因为家大业大，农忙季

① 访谈对象：张烈才，男，三德范村人。访谈时间：2015 年 9 月 27 日。

善讲故事的老汉王延训

节地里的活干不过来，他常派人到短工市场上雇人。无论年龄大小、体格强弱，他照单全收，将那些生计没有着落的穷苦雇工一股脑儿地全领到自己地里干活。等到农活忙起来，不管劳动量大小，一律按市面上最高的报酬标准发放工钱。不仅如此，他还管好饭，供好茶，有时雨天耽误了干活，当天的工钱仍照发不误。

陈江在调度雇工干活的时候，还特别照顾年少体弱者。有一次，他对一位虽然汗流浃背、卖力干活，但还是落在后面的小短工说："扛起锄头来跑一段，咋能把你落下，下次还轮到你锄这趟地。"意思是这个小伙子可以用"耍滑头"的方式赶上劳作的进度。小伙子听了他的话果真照做，逗得在场的伙计们哈哈大笑。陈江这种没有架子、跟贫苦百姓打成一片的做法赢得了人们的尊重。长此以往，市场上的短工都盼着"陈善人"的身影出现。他一来雇人干活，大家就都情不自禁地松一口气，因为他们知道起码今天的生计有了着落。

锦屏山山门

关于“陈善人”，三德范还流传着一个“陈善人寒冬腊月晒冻场”的故事。

这年年关临近，陈江注意到本巷内贫困人家生活十分困难，心里头挺不是个滋味儿，想打开自家的粮仓分给他们一点粮食，又怕他们抹不开面子。于是，为了周济大家，陈江采用了“寒冬腊月晒麦子”的做法。陈江这样做其实是想让穷困的街坊们悄悄“顺走”一些粮食过年。打定主意后，陈江便把长工们召集起来，以恳求的语气说：“快过年了，最近天气不错。为了避免生虫子，我打算把麦子晒一晒。这不，就只能辛苦老少爷们儿了。今天头午，请大伙把仓里的小麦全都搬到场里晾晒晾晒，咱管吃管喝支工钱。”听到这话，大伙儿便高高兴兴地将百余袋小麦扛到场里晾晒。

可是晌午过后，陈江发现晾晒的小麦并未损失多少，于是便说：“这麦子还没晾晒干净，真晒干了水分还不得少个十袋八袋？这麦子晒不利索，入了库房，我过年也过不踏实啊。请大家伙明天再辛苦辛苦，勤翻翻场，看看到底怎么样。”

话说到这个份上，大家伙都悟出了陈江的一番苦心。于是到了第二天清晨，每人都扛了一袋小麦回家。

晚上吃饭时，陈江满意地笑着说：“今天的麦子晒得不孬，这下我可放心了。今天晚上咱们喝酒吃菜尽管放开。”

陈江的善行义举传开后，他便获得了“陈善人”的美称。

张道一与“拉屎地儿”

锦屏山下，有一条横穿三德范的齐鲁古道。这条路旧时虽然沿河蜿蜒，不甚坦荡，但却是从鲁中章丘穿过莱芜到达鲁南、鲁西南地区的必经之路，经常人来人往，熙熙攘攘。

在三德范村南角岭子北崖头的下方、黄家圈大土崖路的东侧，曾经有傍河沿路的半亩滩地。这块地一直到20世纪70年代末才消失。在三德范的历史上，它俗称“拉屎地儿”。之所以叫这个名字，主要是因为这块地位于村南官道一侧，旁边是一条大土沟，紧走几步就能到三德范，许多远道而来的行人都喜欢在这块地里方便。名字虽不中听，但它却是当地很多老人非常熟悉的一个地方。

在清朝中叶，“拉屎地儿”是三德范村一位赵姓老汉代代相传的祖田。老赵头一家五口，除了几块肥瘦不均、大小有别的散落在山坡上的田地，没有别的产业，生活十分贫寒。农忙间歇，老赵头兼做雇工为生。

这一年，日子已迈进农历七月，地里的棒槌（玉米）郁郁葱葱，眼看就要成熟。收获的日子即将来临，可到“拉屎地儿”方便的人们却一如既往，老赵头看在眼里，愁在心上。

这一天，天清气朗，十几个赶大集的莱芜人推着小车由南向北朝着三德范的方向逶迤而来。因为车重路远，又刚刚翻越了陡峭的角岭子山崖，这些商贩一个个大汗淋漓，气喘吁吁，累得不行。出于习惯，大家不约而同地选了“拉屎地儿”作为方便之所。有的年轻人一边小解，一边顺手折了几棵玉米秸，像吃甘蔗一样剥开皮嚼了起来。正忙得不亦乐乎，却被跑到地头查看庄稼的老赵头逮了个正着。老赵头见此情景，气呼呼地大骂：“我说弟兄们，你们这是干啥？吃奶的孩子都知道爱惜庄稼，你们都是些走南闯北的汉子，怎么能干出这种伤天害理糟蹋庄稼的事儿来？你们还要脸不要脸了？”老赵头越看越生气，越想越着急，越骂越难听：“我这块地又不是你们家的茅房（指厕所），再说往前走几步

就是河滩,多走几步能把你们累死?你看,在我地头上又是踩又是折,这像是人干的事儿吗?!"这几个外地客商面红耳赤,只怪自己不占理。

老赵头越骂越难听,有位小伙子忍不住"回敬"说:"你这老头儿站着说话不腰疼!从北京到南京,从济南到章丘,你听说有出门上路背着茅房的吗?方便方便,哪里舒服就哪里方便,这是公理,你这地头儿也不例外。不就是折了你几棵'绝户秸'(骂人语,指丧礼上用的玉米秸)吗?看你急得上蹿下蹦的熊样!"老赵头一听,心头火起,两手摁住一辆小车,说什么也不让这帮人走。

就这样,两边谩骂、争吵的嗓门越来越大。此时,正在田间地头劳作的三德范人一看老赵头跟群外地汉子吵了起来,便三三两两聚集起来,一起来看个究竟。虽然三德范的老百姓对老赵头这块"拉屎地儿"心知肚明,但看到对方气势汹汹的样子也禁不住来气。就这样,你一言我一语,从旁观到插嘴,不一会儿双方就拉开场地,形成了打群架的架势。

就在此时,一位骑着小黑驴的老者不声不响地从小路上抄了过来。来到众人跟前后,他端坐在驴背上喊道:"不要放肆,有话慢慢说。"两边的人顺着话音定睛一看,只见这个老头儿胡须花白,容貌慈祥,旁边还站着一位中年仆人。这主仆二人,虽不显富贵,却也并不寒酸,眉宇之间都有一股勃勃的英气。大家看这老头儿的风范,估计不是常人,于是都敛了手,听这老头儿的说辞。此时,这位老先生才由仆人搀着翻身下地。他拱手向众人说:"诸位父老乡亲,多有冒犯了。我看诸位兄弟,除了走南闯北的车夫,就是耕田劳作的汉子,大家伙都是土里刨食的穷苦人。萍水相逢,一言不合就大打出手,于情于理都有所不值。这样,刚才这剑拔弩张的劲头到底是因何而起,请大家跟我说个周详,老汉我也愿意说说我的主意。"众人听这老头儿说得在理,于是你一言我一语把自己的见闻说了一番。老先生听罢哈哈一笑,说:"难怪大家生气,这是个说大不大、说小不小的事儿。咱们庄户人家爱惜庄稼,老赵头为了自家田地说了几句难听的,可是话糙理不糙,你们这十几个外地来的汉子,谁敢说三德范的老百姓路过你家地头也这样做的时候,你不生气、不骂人呢?"老先生的话说到这里,三德范的人一起望着低头不语的外

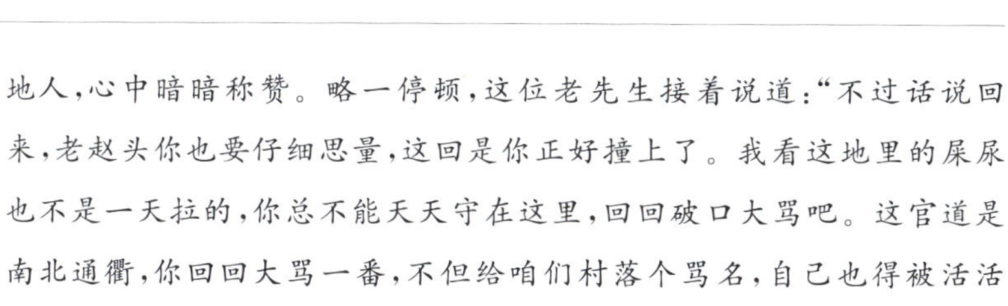

地人，心中暗暗称赞。略一停顿，这位老先生接着说道：“不过话说回来，老赵头你也要仔细思量，这回是你正好撞上了。我看这地里的屎尿也不是一天拉的，你总不能天天守在这里，回回破口大骂吧。这官道是南北通衢，你回回大骂一番，不但给咱们村落个骂名，自己也得被活活气死啊！”一番话说得老赵头也禁不住摇头叹气。

这位老先生察言观色，知道大家已经止了怒气，这仗是打不起来了，于是又缓缓说道：“今天大家伙听了我的劝，老汉在这里先谢过了。不过帮人帮到底，老赵头这块地的事儿，我今天索性管到底。”大家伙儿一听老人家这么大的口气，不禁悄悄议论这人是谁。老先生此时才缓缓说道：“我也不是外人，咱是邻舍家（邻居）。莱芜县姓张名道一的就是鄙人。”大伙一听，原来是做官时爱民如子、朝野皆知的张道一先生！老赵头和十几位车夫赶紧鞠躬，说道：“原来是张大人大驾光临，小民无知，还请大人恕罪。”

张道一，乾隆年间的进士，曾经官至监察御史。他在任时清廉自守，做过好几个省府的科举主考官，各州、府、县都有门生故旧，因此有“桃李遍天下”的美誉。如今，年事已高的张道一四处闲游。今天，他正准备从济南府回老家，恰好遇到这个事。

经张道一一番劝说，围在一起的人们都散去了。张道一这才拉着老赵头的手边走边聊，不一会儿就走到了三德范村里头。

庄长社首听说张道一大驾光临，赶忙跑到村南头的禹王庙恭候。等作揖行礼寒暄过后，张道一说道：“诸位不必拘礼，我现在无官一身轻，可以跟父老乡亲们一起坐下来说说话了。咱们庄老赵头这块田地的事儿，想必不是头一回发生。三德范庄大姓多，商贸发达，名声在外。老赵头的田地就在官道边上，往来的行旅络绎不绝，常有人到他地里方便，长此以往也不是个办法，总不能每次都让走南闯北的朋友们带个恶名出村吧。”众人闻言都点头称是。张道一接着说道：“我看这样吧，老赵头跟我有缘，我今天交他这个朋友。我愿意给他一亩好地的钱，将他南河崖的这半亩惹事的田地买下，让他另寻好地，免得以后再生闲气。至于这半亩地，我家遥路远，无力看管，就算作给咱们锦屏山、禹王庙、玄帝阁补贴香火钱的一块公田吧，日常管理由老赵头负责，土地收支由

庄长社首说了算。大家看如何?”在一片赞叹声里,张道一饱蘸浓墨,立下地契字据,然后掏出银两给了老赵头。老赵头感激得热泪盈眶。

张道一在三德范仗义疏财、化解矛盾的故事不翼而飞,很快传遍了章、莱、博、历等远近诸县。这件事使“拉屎地儿”的名头叫得更响。几代三德范人路过“拉屎地儿”时,都会指指点点,提到“张道一”。

1975 年,三德范大队组织开展“搬山填河造平原”的农田基本建设工程,“拉屎地儿”在人们与天斗、与地斗的生产活动中被填埋,消失在一大片“大寨田”里。但是,关于“张道一和拉屎地儿”的故事,在三德范一直流传下来。

当然,除了好人好事,三德范也流传着一些“枭雄”的故事。很多老人说,以前,在三德范,大人吓唬小孩常说的一句话是:“听话哈,二虎来了。”虽然孩子们不知道“二虎”是谁,但是他们从大人们认真的表情里知道“二虎”一定是厉害人物,就不敢再胡闹了。

事实上,“二虎”确有其人,他们就是在 20 世纪 20 年代大名远播的单运湖和张兆瑚。其中张兆瑚名气尤大。

据说,张兆瑚性格刚硬,不畏权贵,常对富人嗤之以鼻。尤其组织“贫农会”,与富人作对,名声日高。后来,他用请会方式集资开办银号,自印钱钞,兼办赌场和盐店。1928 年,因与本村一王氏富家子弟发生赌债纠纷,张兆瑚召集 10 余个叫花子到王家逼债,吃住数日,纠缠不休。王家人密告号称“锦屏王”的区长(县保安团副团长)李延煜,说张兆瑚勾结土匪。李延煜早已将张兆瑚视为心腹大患,于是派自己的儿子李嘉台(当时人称“太子”)率领武装民团若干人来到张家,将张兆瑚射死在乱枪之下。

单运湖,三德范南村单家巷人,1937 年任三德范自卫团团长。后来,他因私事与本村宋普集发生纠葛。宋普集纠集土匪数人,于 1938 年 2 月 11 日(正月十二)村内大集这天,将单运湖从自卫团驻地玄帝阁西侧的祠堂抓走,枪杀于村内齐家圩子墙门外。

四、德溥先生的故事

一直到今天,在锦屏山北麓下坡处的宋家圈一带,于松柏葳蕤、绿树掩映之中，仍保留着一座小石屋。这座小石屋占地仅几平方米，高不过2米，矮门小窗，粗石砌成，实在没什么显眼的地方。但是这座貌似不起眼的小石屋却是三德范村一代鸿儒姜德溥先生的寝居之所。据说，在抗日战争期间的1937～1945年，德溥先生不时寝居于此。他有时在屋中诵读诗书，有时则攀至山顶与全真道人李化南谈经论道。

姜德溥，姓姜，名隆懋，字德溥，生于1885年，卒于1962年，享年76岁，是三德范西崖头（西村）人。德溥先生自幼聪明好学，才思敏捷，曾就读于章丘县师范讲习所。他将一生中的主要精力都奉献给了三德范的教育事业，是民国时期章丘教育界的知名人物。1949年中华人民共和国成立后，他当选章丘县第一届政协委员。

在日军全面侵华后不久，德溥先生就表现出了崇高的民族气节。日寇侵入济南、章丘等地后，他誓死不与日寇、汉奸为伍。面对卖国贼对地方知名人士的劝诱、拉拢，他嗤之以鼻。在世事多变、民不聊生的乱局里，德溥先生选择隐身在山高林密的锦屏山中。当时，小屋的一块块石头上到处都有德溥先生的诗作墨宝。直到今天，张福经老人还依稀记得自己搜集到的德溥先生在小石屋创作的一首五言绝句："自幼学孔孟，壮年类释迦。今作比丘样，且看须眉发。君子有三变，尚志通百家。愿为林下客，不欲贵荣华。"

德溥先生是一位富有才华的饱学之士，不但精通儒家经典，而且注意观察、体验乡土生活，以深沉的情感创作了不少富有乡土气息的诗歌和板话。他的《三朵花儿开》《两亲家顶嘴》《下关东》等作品，在文祖镇乃至整个章丘地区流传非常广泛。

因为是远近闻名的饱学之士，德溥先生曾被当时的章丘县教育局选调到章丘城南大沟崖村任教数年，其间还留下了"舌战群儒"和"醉写戏联"的佳话。

据说，大沟崖当时有几个大户人家，家资丰饶，对子女教育也十分重视。这一年，几大家族不惜重金，一定要聘得称心如意的教书先生，以求子女出人头地。一些人闻讯，兴致勃勃地前来应聘，却受到东家的诘难，无不铩羽而归。这件事情引起了不小的轰动，连教育局都下不来台。经过反复考虑，当政者决定请德溥先生出山，代表章丘教育界去大沟崖为章丘的文人们出口气。谨慎起见，当时的章丘县教育局局长还亲自陪同前往，颇有点"鸿门

宴”的意思。

到了大沟崖，按照当地风俗，大沟崖人让德溥先生坐在“头把交椅”，也就是酒宴的上首椅上。酒过三巡，东家的一位本家人站起来说：“先生深居南山，不知此前可曾来俺们累(漯)河一览胜境？”此人故意将章丘人不太熟悉的漯河错读成“累河”，想考考德溥先生的见闻、学问。先生说：“东家可真会开玩笑，一本《水经注》囊括千山万水，何须处处皆到？照先生之言，此河已被您夺水(氵)而去，还有胜境可言吗？依我看，不如还‘漯’以本来面貌，以防众人生厌。”听了德溥先生这番话，这个本家面红耳赤，不好意思再往下说了。

这时，另一个人站起来说：“早就听说德溥先生一肚子学问，敢问儒家经典中，先生对哪部研究得最为精熟呢？”先生微笑着说：“在下虽然孤陋寡闻，但《大学》《中庸》《论语》《孟子》都粗读过几遍。只是圣人常说：‘知之为知之，不知为不知，是知也。’在这酒席之上，实在不敢说什么‘精熟’云云。”这个本家见德溥先生回答从容，应对巧妙，只好讪讪地坐下了。

此时，又有一位本家站起来说：“请教先生，孟子曰‘天时不如地利，地利不如人和’，我看这圣人之语，未必放之四海而皆准。先生意下如何？”德溥先生正色说道：“此言差矣！圣人之言极是也。殊不知天地万物以人为本，人则以和为贵。比如墨子就曾以守城为例，向世人揭示了天时、地利、人和的关系，同时还告诫人们：以仁治政，人心所归；以暴治政，人心所背。难道这不是明证吗？”这个本家听德溥先生侃侃而谈，有根有据，不禁心生佩服，再无言以对。

除了“舌战群儒”这段佳话，德溥先生“醉写戏联”一事也广为传诵。

这天是正月十五元宵节，大沟崖的村民们为庆祝佳节，特意请来了戏班子。傍晚，德溥先生正与东家一起饮酒，只见一个人手捧着纸笔径直来到跟前，请他题写一副对联，好挂在戏台两侧。德溥先生拱手说道：“承蒙抬举，在下只好献丑了。请先将纸挂在戏台之上，待我们小酌几杯再写不迟。大家意下如何？”在场众人都不信德溥先生酒后还能登台泼墨，以为不过是含蓄的推托之辞，便继续饮酒。直到喝得半醉，耐不住请写对联之人的一再催促，德溥先生才懒洋洋地起身，走到戏台前面。只见他从容登上竹梯，饱蘸浓墨，一挥而就。上联写道：“镗当开了戏小放牛白蛇传一生一旦。”下联则是：“呜嘟刹住板蒸包子热面条随意小餐。”横联曰：“鼓噪锣鸣砰砰乒乒。”德溥先生写完，台上的锣鼓声，台下的掌声、喝彩声已经响成了一片。从此，德溥先生在大沟崖一带

名声大振，东家们再也不敢小瞧从三德范来的这位教书先生了。

从20世纪30年代初到解放战争前夕，锦屏山上德溥先生的林间小屋一直是很多知识分子向往的圣地。小屋内的墨宝算得上是德溥先生的思想闪光和灵魂自传。例如，他在一首批判日本侵略者肆虐三德范村的诗作中写道："民国廿七年，日本进中原。组织游击队，联合保安团。主张长期战，将敌赶出关。黎民遭涂炭，遍地起狼烟。我村两次火，房烧千百间。老幼没住所，嚎啕满山川。"在小屋的醒目之处，先生还奋笔疾书"抗敌救国，还我河山"8个大字。他把对日寇的满腔怒火诉诸笔端，体现了一个忧国忧民的知识分子的气节与风骨！20世纪30年代末期，德溥先生的《告民众抗敌救国书》在鲁中地区广为人知。张福经先生至今还珍藏着一份手抄本：

父老乎！昆弟乎！与其终日昏昏在睡梦间，何不猛醒而听家国苦难之悲声呼！子不闻天津、北平乎，今已被日人占有矣，而吾章丘之所未被其蹂躏者，只隔黄河一线耳。

是故告我同胞，努力抗敌以救燃眉之急也夫！

盖倭寇自甲午占我台湾，据我辽东，待欧战发生又袭我胶济铁路。我军抵抗稍疏，遂占我东三、内蒙古、察哈尔区域。嗣后又攻占我上海，华夏大地莫不受其蹂躏、抢劫、燃烧、轰炸、屠杀等诸兽行之威。屈指以计于今殆八载，而我华北要害之地，已半为敌有矣！

呜呼！我中华茫茫大陆、神禹九州岂能坐视不顾而失陷于异族之手乎？是故告我同胞群策群力，众志成城，长期抗战是幸！

白云青山掩映下的三德范

此文在章丘大地流传甚广，影响极大。现在文祖地区很多识文断字的老人还能熟练背诵，可见受其影响之深。

附 录

一、三德范锦屏山碑刻辑录

(一)太山行宫碑群

1. 乾隆五年告示碑

章丘县正堂加三级毛:为严禁山林庇护圣殿,事切城南六十里锦屏山朝阳洞太山行宫,今有生员靳延祉等众领袖,请明示开缘募化建立太山行宫大殿,一概重新。花果树木,自迎仙门为始,南至小龙沟,西至窝峪顶,北至石峭岭,倘有无知乡民伤损树株,深为可恨,自示之后,仰周围士庶军民并领袖众等,看守香火道人,遇有打柴放火者立禀送县,以凭重究,决不宽贷,特示。

乾隆五年十月十一日

2. 乾隆八年章丘县正堂席告示碑

章丘县正堂加一级席:为严禁山林以护圣殿,事切城南六十里锦屏山朝阳仙洞太山行宫,乾隆五年间蒙前任毛示谕,凡有庙宇、草地、山林、种养、胡树、花果、树木,建立太山行宫,养成树木多株。领袖生员靳延祉等,恐有无知乡民进山打柴,烧损树株,殊属神人可恨。为此,示仰周围士庶军民人等

知悉，自示之后，遇有打柴放火者立扭送县，重责枷号不恕，特示。

乾隆八年十二月十六日

3. 乾隆六年旗杆碑

万古流芳

锦屏山太山行宫殿内殿外，公做彩幡四杆旗杆二株，施财善人姓名开列于后（名略）。

住持　韩阳成

乾隆六年岁次辛酉上浣吉旦

4. 乾隆八年锦屏山记事碑

盖尝观于天地消长之数，万物盛衰之机，不禁于锦屏山而旷然有感。此山发脉泰岱，蜿蜒绵亘，历新、蒙、泰、莱而枕阳丘之南首。峭壁插天，古洞窈然，其间红霞灿树，好鸟赠音，万卉竞秀，百葩呈芳，其亦钟奇毓秀之区欤。以前埋没荒草，仅为樵夫牧竖击狐伐兔之场，不得共玉皇、会仙、长白、摩呵诸山吐奇发秀者几百千年。乙卯岁，有羽士韩阳成系吕祖洞全真也，游方入山，相阴阳、观向背，察龙虎回绕环抱之势，审峰峦委折起伏之形，有武夷九曲，曲曲入胜，衡湘九面，面面皆圆之妙。愿借一榻以养真。环山善士，开荆林辟蒙茸，争先恐后，协力修理。经营十有余年，洞内之掩于淤泥蔓草者，今则洁净轩亮矣。洞前之逼侧崎岖者，今则藻井坦易矣。西构讲堂，东凿清泉，南营雪阴，北砌朝阳，以人工承天巧，足以供辞客骚人之咏吟焉。至于绝顶大殿之巍峨，廊庑之辉煌，围墙山门之雄峙，则又临夫各巘各涧，奇花异卉，怪石古松，鸟道羊肠，有络绎奔会万派朝宗之势焉。夫自皇古以迄于今，历千万，一旦辟兹胜迹，堪与玉皇、会仙、长白、摩呵诸山并峙竞秀，何莫非众善士焦心劳虑拮据之所成哉，想亦此山之灵乘时鼓舞于冥漠之中，以人工承天巧耶。余重阳日胜游，众善士立索成文，迫于命，爰荒撰芜词，以志不朽。

章丘县　正　堂　毛　邑

　　　　讯司厅　雷世臣

　　　　捕　厅　张　达

邑庠生　张元桂　薰沐叩撰

郡庠生　靳思峪　薰沐叩书

住持　　韩阳成

（余略）

乾隆八年岁次癸亥季春吉旦

5. 乾隆八年重修太山行宫碑

齐鲁泰岱有碧霞元君灵应宫，则以五岳之首，少昊无怀之所税鞅，黄帝有虞之所驻跸，三代以降，秦、汉、唐、宋，历明迄今，胪禅纷如，册祀辉铄，故不刊也。兹山脉发泰岳，巍震章南，领群山而翡翠插天，源漏河而甘流匝地。神通往来，莫依何从，人杼诚敬，伏竭无所，事在人为，时诚有待。黄冠白恰，多方结万姓之缘，绮履青衿，百计购双镮之入。我也于于，人皆喁喁，赴之如流水，输之若转圜，捐费有差，视赀为准，胼胝审面，次第永肩。庙貌崇闳，雄峙于峰巅，洞环深邃，拗折乎岩下。北开小院，布种青莲，东得甘泉，蔚成文甃。疏壅去秽，居然半亩之方塘，除荆剪棘，恰受一天之月晕。庑门更造，讲堂加新。平直砌方，起输娄于再世。参差错落，缀梁郘于同时。计费千金，庀罴数百。山分泰岱一支，神仍碧霞三座，朗然表胜，岿焉伟观。乃修筑告间，集会约期，或遇暮春，或逢重阳，厥有冠带之侪，布衣之俦，估贩之魁，帷门之侣，靡不指椒岭以首路，望危冈而膝地。般辚万状，仿佛岱宗，杂还亿兆，依稀泰岩。或遥览乎敷木之彩，或下涧乎村落之字，或瞩眺乎町畦之横纵，或隐见乎渚澳之蜿蜒。步沿亟道，逶迤迤以犹龙，影翠崇峦，俨辉辉而集凤。群情翕赴，不约而同。灵应沕穆，冥中响答。窃见降瑞锡祉，调风布霖；成人事而感神庥，逭灾歉而被丰茂。倘仓（沧）海之未田，庶神明之永奠。然大纲稍举，细目未张，前以启后，真称大造之炉锤，后以续前，浑似不言之桃李。鸠工复施，继起萌见义之功，经始要终，再来任独贤之力。睹杰构之少渝，乃鸠僝而不懈，藻井连茄，仅遘脊茅之地，飞云丽日，大开宝鸡之天。勿徒托诸空言，亟有须于盛举，方诸此艺，千古同符，则此山可并泰岱不朽也已。

邑庠生　靳嗣韩　薰沐叩撰

韩学礼　薰沐叩书

乾隆八年岁次癸亥季春吉旦

6. 乾隆二十一年开山碑

大　清

从来名胜之区，皆得人以经理之，斯浑茫以辟，幽险以开，虽荒湮蔓草中，亦得以显其奇于宇宙。兹锦屏，吾邑望山也，山阴遥观，宛然横铺一字，山阳谛视，屹然鼎峙三峰，山腰有邃洞，昔名朝阳，此固山水凝结之始，天然成此伟观欤。但此前徒为牧竖樵采往来憩息之所，文人墨客曾未有过而留览者，亦以经理之无人焉。而山下三元村陈翁讳新邦者，雅意好修，飘然尘寰，尝西逾太行之高，南浮江淮之大，凡名山胜迹悉以登临为快，有时杖游是山之巅，度其形势，指画区别。适有全真道人韩阳成，偕其徒刘来广云游于斯，爰其洞幽深邃远，暑月无炎蒸之苦，霜天无栗冽之威，堪为修炼栖止之地，遂进谒陈翁，任募化之责而乞为常住。由是一诚感通，地产灵泉，爰披荆棘、启石洞，结庐于旁以居之。陈翁不以耄耋自委竭虑始之，又俯纯嘏靳先生毕力终之，先生亦以青衿不得志，适合其栖迟山林泉石娱老之愿，遂慷慨任以成之。爰集环山居士，各殚心力，鸠工庀材，不避寒暑，经营二十余年，而殿宇、山门、月台、墙垣相继告竣。每逢三月三朝，重阳九日，四方善信登临瞻拜焉。是昔为荒湮蔓草之区，今成辉煌熠熠巍灵之场，洵南部一胜概也哉。夫满目萧条，非陈翁无以开其始，平原一篑，非先生无以观厥成。至初终弗替，用肩厥事，尤赖住持者使大之力。念此建修维艰，为之述其始末，以示缵成者踵事而增华，俾后之视今远过今之视昔，乃无负于诸领袖之苦心也，是为序。

生员　韩学礼　撰文

生员　靳日峪　沐书

住持　韩阳成徒刘来广

乾隆岁次丙子三月清明吉旦立

7. 乾隆四十一年重修锦屏山碑

自来人以地杰，地亦以人灵。何言乎地以人灵也，从古奇迹仙踪异域胜境，非经人拂拭而表扬之，其湮没于榛芒鬼燐，荒风冷雨者何限。是山遥泰岱之灵脉，居阳丘之南鄙，俗呼平顶，雅号锦屏，扶舆家称为一字文星案焉。虽非峭壁插天，实则屏峰耸峙，历览万壑千山，望如银屏列前者殊不一觌，而且古洞天设，泉源浚涌，岂非章南一大名胜乎。前亦久湮于荒草野燹，莫可标揭。自雍正乙卯岁，羽士韩阳成云游栖止于斯，嗣有陈丈靖初，靳生纯嘏者与之募建庙坛，因集万家香火焉。嘻于乐哉！异境天开，蔚然挺一方之秀，胜踪地辟，杰焉亘万古之光，骚士登临，眷物外烟霞，青峰并襟怀竞爽，樵

子环集，鉴空中楼阁，丹芝濯肾腹长清。要钟毓乎，柏陵人士，岂竞崇夫，奥区神皋，此所谓地以人灵也，人终以地杰矣。第数载倾坏，修葺莫逭，踵前修之故迹，扬开创之宏功，昔胡文定公所云，宗庙之事即远，有废而无立，不得以有为之言概置昔人之盛举也，兹于工竣，劙石镌名，因摅质言以识。

岁进士　靳延谞　薰沐叩撰

邑庠生　靳方山　浴手叩书

住持道人　刘来广

（余略）

大清乾隆四十一年荷月吉旦

8. 道光三十年重修锦屏山庙宇碑

岁庚戌，新庙貌于锦屏之巅缘历风雨而难，仍欲急补助而不果。兹乃于泰殿山门之在上者，裂其瓦而换之于茶室，垣宇之在侧者，驱其石以垒之，更于老君神堂之在洞右者，需其人以整之，不鸟革，不翚飞，不金碧，以白云为装饰，以紫雾为填砌，昭其素也。是山辟于乾隆初年，灵始震于荒棘，宇横一峰，松列千株，悬崖百尺，窍透九重，南拱岱而北朝斗，苍翠万状，绵亘数里，盖天钟秀奇画图不啻也。然以野分楞，壤错阳丘。孟嘉之帽可邀，谢公之屐可及，枫丹菊黄，乌弦泉琴，登攀者恒揽不盈掌。况运际升平，故其时和，时和则人暇，人暇则废举，废举则物华。幸赖禅师化托龙钵，而从前之土崩势解者，不崇朝而改观矣。每值春杪秋初，风月惠朗，烟霞澄鲜，率宾朋幼长集檐牙而赏焉，酌美酒，题好句，听雅奏，不时于禊期而更爽哉。因乘兴而歌曰："上天宫阙，门厂棂星，南山之麓，锦秀一屏，眷此妙趣，拙反自形。"

乡者　张　鉴　敬书

张清亮　书丹

住持道人　李合林　（余略）

大清道光三十年八月十六日吉旦立

9. 咸丰五年重修碑

书闻庙者貌也，所以栖神者也，然庙貌辉煌，因足以肃斯人之瞻仰，而法像暗淡，无以显神之声灵，此明堂藻火所以踵事而增其华也。章南六十里锦屏峰，旧有太山行宫，自道光三十年重修殿宇山门以及群庙，残缺者补之，损坏者葺之，而焕乎有章矣。但妆塑未施，神像难免萧索，丹艧未涂，画壁犹待更新。春秋享祀之际，莫不谓上栋下宇已极雕峻之奇，而五色六章尚欠冕藻之盖，不胜表里殊致之叹矣。越六年己卯，近山数村首事善人与住持于元海，同心协力募化四方，各捐囊金，共襄盛世，逞良工之妙用，耸翠流丹，妆佛仙之盛容，铸金绣像，数月之间功成告竣。登此山者咸快夙愿，以为前此殿阁流彩，既有连云耀日之观，当前黼黻增新，更著山龙华虫之美。洵有以来百族之香花，广千秋之福量。从此，古柏苍松，山光与庙貌共丽，云封雾结，山灵与神聪共昭。庶几前人之经营无替，而后人之继述亦永垂不朽矣。是为记。

郡庠生员　部殿文　敬撰

辛传礼

张清亮　同书丹

住持　李合林　于教先

大清咸丰五年九月重阳日吉立

10. 咸丰八年重修锦屏山太山行宫山门殿宇

书云："为山九仞，功亏一篑。"盖谓功贵于成也。前此道光三十年，重修锦屏山太山行宫，凡山门殿宇已焕然更新矣，但神像装塑未及告竣，忽焉中止，不无功败垂成之感也。于是附近数村父老共议各出囊金，同襄盛事，外有以表鸟革翚飞之观者，亦内有以彰山龙藻火之美，前功未成者，今则聿观厥成矣。是为记。

郡庠生　部殿文　敬撰

辛传礼

李帅魁　书丹

住持　孙永平　李永传

大清咸丰八年十二月二十六日吉立

11. 光绪十二年重修碧霞祠老君堂碑

辛酉科顺天举人历任东阿县教谕张玉荣撰文：锦屏山于章城居离位，离为火，主文明，既世所谓一字文星案也。其巅旧有碧霞祠，东阿则老君堂，年久庙宇未整，都人士议重修，礼也。或曰元君朝宿泰山，文膺封典于锦屏何与？岂知锦屏脉络与泰山相结，神之聪明正直，保彼东方，独不鉴观民瘼而遗于此耶。老子为至圣师，所著《道德经》与圣教相表里，服其教者畏其神，

筑庙以祀之，犹函谷关之遗迹也。记曰："能御大灾则祀之。"元君之鉴观有赫，老子之与人为善，皆有功于民者，环山居人士与元君祠石楦仍旧重易其瓦，诸圣母亦受庇阴，山门则圮之修之，缺者补之。老君堂乙丑岁经雹灾曾为修葺，今于瓦之毁者复易之，使坚此居人好善之心，亦为民祈福之意也。乙酉七月十六日动工，至丙戌季春告竣，用砖瓦一万千余，用灰三万余斤，费钱一千余贯。特勒诸贞珉以示无废云。

邑庠生　张绪曾　黄书绅　单起瑞　同丹书

孙继召　书人名

大清光绪十二年岁次丙戌季春榖旦

（二）老君堂碑群

1. 乾隆二年重修锦屏山朝阳洞老君堂碑

大　清

万古流芳

三队反　黑峪庄　三牌庄　扑蝗庄　月宫庄　石屋庄

东王黑　田广庄　张　庄　厂口崖　西王黑　苗　庄

鹁鸽崖　秋林峪　青冶庄　三元庄　东窑头　明社庄

沙湾庄　西窑头　文　祖　木厂洞　禅房峪　西庵庄

水龙洞　朱公泉　东栾宫

领袖　李东青　靳延祉（生员）　陈新邦（州同）　于世祯　于思成

经历　金麟　刘富　李东安　石古　陈凤立　刘升

住持道人　韩阳成　郭复会　吴复基　同立

乾隆二年岁次丁巳孟冬吉旦

2. 乾隆五十六年重修神轴碑

大　清

从来莫为之前虽美弗彰，莫为之后虽盛不传。锦屏山朝阳洞右白衣祠，旧有神轴三幅，系开山之时黑峪庄众善人所制，历年久远，尘染虫啄，亦欲重为装饰。有善裔李福孝等，重阳登谒，目击心伤，以为，先人即创之于前，而子孙不能继之于后，真不肖也。于是率众施财，再加整饬。未几而神像焕然

一新，真可肃观瞻而慑人心矣，是为记。

领袖善人（略）

乾隆五十六年岁次辛亥九月吉旦

3. 嘉庆十二年修水池碑

大　清

今夫水以山秀，山以水明。兹锦屏山坐镇章南，缘结泰岳，严正危峻，层峦叠嶂，林木葱郁。夫其顶堞开畅明朗，宫殿爽垲。山之半腰岩悬陡峻，洞古深邃。洞外境地，高下两段，立有祠堂，供诸神圣。檐前花覆，窗外树满。里中称圣区焉。丑岁秋七月，适张家庄治清张公者游此，适泉水四流。或曰："行潦挹彼山顶，流泉取诸漏河。"张公曰："何不檐外砌池贮水，以备时需。愿捐助焉。"诸道称善，缘簿叩化，张公怡然先施，而大寨之善士信女及环山众社首各捐赀财。由是鸠工庀材，经始有终，谨勒石以志不朽。

增广生员　陈汝明　撰文

韩体睿　书丹

住持道人　王本明

嘉庆十二年岁次丁卯孟冬穀旦

4. 同治六年重修老君堂碑

大　清

夫盛德者必百世祀，此不必列诸祀典也。即众心所□……顽订愚，警人心而持风化，筑庙以祀之也固宜。锦屏山东阿旧建老君堂，重修者屡矣。乙丑岁孟夏念日后，忽疾风迅雷，□……几折，庙瓦多飞，守者震恐。霁后，环山居人士造者咸心伤之。念太史氏久居柱下守典籍，至圣曾问礼焉。所著《道德经》五□……相发明，不特道家祖之，即儒者亦多采其说，表彰六经，其有功于世教也伟矣。第此深山穷谷，必为神所栖止耶。吾不□……辦能格神明，思其人犹爱其树，况其塑像俨然。愚夫妇焚香顶礼，即足振聋聩、励风俗，亦儒以道得民之意也。任令祠宇剥□……小，居民之过也。即经雹灾，遂捐资鸠工，即旧补新，共费钱三百余贯，而庙复焕然。登斯门者，庶各思奥窔，无忘前哲之道德□……也夫。

辛酉科顺天举人张玉荣撰文并丹书

住持　李永传　（略）

同治六年丁卯公立

5. 同治九年重修文昌阁碑

章丘流于北者首推绣江水，峙于南者盛称锦屏山。山巅庙廓不具论，论道院之南有石门东厂，年湮基坏，众议撤旧整新，建庙于其上，敬额文昌阁，高距麓间，庶与一字文星共映照临也。不料虑始不易，图终尤艰，历三载而阁基廓然，非直观瞻，异日有跻斯境而耸肩者，词意俱游象外，乃知词坛艺院，未必不攸关斯阁耳。总之创在前辈，心出何因，因在今日，迹邻于创，神因人灵，人亦或得神助。告竣之余，爰勒碑，昭兹来许以绵斯文之风于勿替。

奎文阁典籍　张兰馨　敬撰

后学　王景森　单其鹏　单其昌　共书丹

住持　李永传　（余略）

领袖善人

生员张桂馨　单起先　冯绍曾　王建楹　王振宁　牛茂森　宋存春

生员靳可振　监生靳元霱　监生李文崇

（共34人，余略）

大清同治九年岁次庚午闰十月十五日孟冬毂旦

6. 光绪二十一年重修老君堂碑

流芳千古

事有举之而必不可废，废之而必不可不复举者。匪直庙宇而为然，而庙宇其显焉者也。此山旧有老君堂一宇，在昔首创之时，制度完固，规模森严，洵属一方之伟观。洎乎岁远日久，其相继而重修者不止一次，总未能永固而不敝。自光绪乙酉补葺而后，迄今仅十数年间，故址竟荒落难堪。则欲制复其旧要，必踵事增修庶乎有济，倘或迟迟需之异日，恐往迹荡然无余，费益靡而功益难底于成。兹幸十有二村奋然志切兴修，群思踊跃以谋趋事，按银出赀，无一不乐于输将，而慷慨好义之士抑切量其力所优，各出囊财任意捐施者。于焉诹工度材，招徕徒役，仿其旧制，更其形势，门墙栋宇灿然一新。而与太山行宫，启其蔽而修其圮，气象也为之改观。经始于五月朔后，告竣于六月之初，迨夫落成宴饮之会，父老子弟咸相谓曰："庙宇聿修，神有所凭依，而吾人亦可以无憾矣，特不有以记之，则无征难信，后之观之者，其谁知此事之举不可废，废而不可不复举哉。”故镌之于石，将得而考焉，且以志夫来者，终济其美而不已云。

邑庠生　靳可振　志

　　　　靳化蒙　书

住持　杨至绪

楹联　四围苍翠成文锦

　　　万壑青葱列画屏

横批　流芳千古

大清光绪二十一年岁次己未孟冬上浣吉旦

(三)盘道碑群

1. 嘉庆四年重修老君堂碑

锦屏章南明山也。山之佳境有笔难罄，而朝阳洞尤为巨观。在昔蒙茸蔽塞，自韩羽人游览此山，慕化吾乡，靖初陈老先生领袖开辟，洞始玲珑剔透，幽深元杳。内塑老子金身，奉司香火。盖靖初老先生素慕道德一经故也。望紫气之来宜念前显，仰青牛之驻当思后承。迩来古洞虽无崩坏，每于夏秋连阴之日，渍水浸淋，恐有侮神像，议于洞左另建庙堂，以作便殿。此议一举，众善毕集，由是鸠工庀材，自丁巳六月始其事，至客岁孟冬而告竣。于戏，创不逸，继维艰，诚始易，成终难，镌石以志不朽。

邑庠生　韩　谦　薰叩撰

增广生　陈汝明　薰叩书

住持道人　王复吕

助缘道人　马本辉

嘉庆四年四月吉旦

2. 光绪十二年重修碧霞元君祠老君堂碑

大　清

锦屏山为章邑城南山村胜境也，其巅旧有碧霞元君祠、东阿老君堂。于去年乙酉仲秋重修鼎新落成，及丙戌孟秋始将众神像范金涂臒，一一妆塑，

而且殿宇墙壁绘画更新，兼制庙门与文昌阁屏门，聊蔽殿尘。人赖神以造福，神藉人以安栖，此所谓两相需而两相因也。又有屈曲盘道铺砌二百余尺，创修水池，以备日用之汲。是皆环山人士同心襄事，各输财赀以底有成者也。兹因卜吉告竣，勒诸贞珉，永垂不朽云。

邑庠生　张绪曾　黄书绅　撰文

邑庠生　单起瑞　书丹

住　持　张元珠　田元俊

光绪十二年菊月上浣穀旦

3. 光绪二十三年重塑老君像制天棚帐子封山碑

大　清

锦屏山自十二村封植以来，即有老君圣像碧霞元君殿。迄丙申冬，重塑老君圣像，举不敢废，意也。碧霞元君殿内制天棚帐子，尽物事神，心也。是工倡赀者十二村。以赀未全付，住持杨至绪又募赀数村。暨丁酉春，费资犹绌，不获已。乃剪柏树数株售值完之。此举也不惟一山增辉，即十二村也生色也。恐嗣后轻戕树木，使蔚然而秀者反至童焉，故勒石为记。凡附山树木，一株不许私伐，如违，十二村共殛之。

卓庵　赵希颜　撰

化南　孙继召　书

伯蓬　孙道方　书

住持　张元珠　（余略）

光绪二十三年岁次丁酉五月吉立

4. 光绪二十八年文昌阁保护碑

抚院营务处花翎同知衔，调补济南府章丘县正堂，卓异候升加三级记录四次（杨），为出示禁谕事：据石屋庄庄长潘乐宾等禀称：窃闻，庙之所在，神所凭依，有其举之则莫敢废。查身等石屋庄即在锦屏山下，山巅旧有文昌帝君庙一座，非直壮观瞻，亦所以培文教也，前人创造非无谓也。数年前，有乡间无知之徒，谓此庙与彼庄风水有碍，肆行拆毁，当时阻止，未能听信。现在身等惕以怨恫之义，已能尽释前疑，因而纠众捐资，身等重为之倡也。经修复完整，庙貌一新。诚恐无知之徒复有呈其臆见擅行拆毁之事，为此，叩恳

出示预禁，以崇祀典而弭事端。上叩等情到县，据此合行出示禁谕。为此事仰该庄及附近乡村人等知悉：须知庙祀正神有举无费，毋得惑于风水肆行拆毁，倘敢故违，定即从严纠办，决不宽容，其各凛遵毋违，特示，右仰知悉。

告示(章丘县印)

光绪二十八年四月二十九日

5. 光绪二十九年重修文昌阁碑

大　清

盖闻有其举之莫敢废也，锦屏山巅西北隅旧有文昌阁古庙一所，夷考其始，自道光己酉，鹤叔祖延亭公与诸君所并创建也。数十年来风雨剥蚀，摧残不堪，问已，但附近诸君子久蓄增修之志，每叹倡义乏人。洎壬寅夏，鹤家兄图南来游于此，见其庙貌倾圮，慨然以继修为己任，于是率诸君子鸠工庀材，增其式廓。矗地亘天，辉光直争乎日月，丹楹刻桷，烂漫复灿乎云霞，巍巍巨制，不弥月而聿观厥成矣。夫志之坚者事必成，诚之至者神必佑，矧帝君枢环北极，迹著西垣。协昌运之光华，六筐丽耀，作人文之主宰，累代扬休。灵爽即庆其聿安，阴骘必显为果报。行看白骡贲降，蕊珠临杏苑之辉，丹凤胪传，笋玉焕芹宫之彩。懿与休哉，爰勒贞珉，以志不朽。

鸿胪寺序班邑庠生　郭云鹤　撰文

候选训导廪膳生员　徐道修　篆额

候选教谕附贡生员　李延煋　书丹

领袖　试用守府癸巳举人　郭云鹏

住持　杨至绪　赵云峰

光绪二十九年岁次昭阳单阏荷月中浣榖旦

6. 光绪二十九年重修山巅西北隅文昌阁功德碑

重修山巅西北隅文昌阁，植树二十五株，乐输君子姓字开列于左。

姓名(略)

大清光绪岁次昭阳单阏荷月中浣榖旦

7. 光绪三十一年重修锦屏山庙宇碑

大　清

奥稽章邑名胜，东曰胡山，北曰女郎山，而脉络泰岱，灵应文星，辉于映

离照间者，厥为锦屏。是山也，自乾隆丁巳，余七世祖纯嘏公及新邦陈公等，同扶韩真人辟石开基，创建庙堂，迄今百七十有余岁矣，其间上下十二村合踵事增修亦不一次。而历览其胜，见夫峭石雕壁，庙貌森严，巍峨于山之巅者，碧霞元君宫也。迤东而下，崖悬路曲，树荫林翳，有阁奕然，峙于峰岩间者，帝君文昌宿也。北望则窍石巉岩，有朝阳洞焉。榱桷雕镂有老君堂焉。是堂也，固《道德经》所有著。是洞也，亦紫气青牛之灵所寄托。噫！前人制作巨矣，增修周矣，所虑者风霜剥蚀，雨露侵凌。近数年来，宫殿洞堂渐有圮敝之象，非再事重修能保无恙乎。光绪癸卯春，道人杨至绪及众首事已切重修之志，然功巨而难骤理也。由是十二村共出赀材，四方仁人义士各事输捐，一时，县尊、左堂刘、右堂黄亦倾囊金。鸠工庀材，圮者补之，敝者新之，堂焉皇焉，懿与盛哉。然而未已也，洞堂之东群峰拱列，一山佳区也。后为斩棘披荆，北筑天地一庙，东修厅榭数间，前则横栏映砌，石刻玲珑，后则虚窗悬空，烟岚缭绕。以为文人学士登临啸傲，饮酒赋诗之所凭依焉，是真邑南一胜境也。两越岁乙巳秋八月告竣，爰志大概，以叙由来云云。

邑庠生员　靳尔芳　撰文

邑庠生员　靳少泉

　　　　　靳蔚山　书丹

首事　（略）

住持　张元珠

光绪三十一年岁次乙巳仲秋上浣榖旦立

8. 功德碑

万古流芳

左刘　贰两

章丘县令　杨　捐银　拾两

　　　　　右黄　　　贰两

　　　　　其余（略）

楹联：

锦绣文章传善事

屏列姓名记鸿功

9. 宣统元年禁山碑

皇　清

锦屏山主公议禁止山林条约

——树木为山之羽翼，住持者加意培植，约毋得枉伐

——凡附山樵木之人，住持者宜严为防伺，约毋得疏忽

——凡摧残树木之人，住持者宜急为捉获，约毋得私纵

——遇有持强不服，住持者宜急声明山主，约毋得徇隐

——凡遇有事故，住持者宜急报山主，山主宜急赴，约毋得推诿不前

十二庄公议勒石

住持道人　张理注

宣统元年十一月下旬吉旦同立

10. 甲戌年锦屏山碑（分上、下两截）

正面上部碑文：

锦屏山

甲戌年夏　孟宪杰题

背面上部碑文：

古柏风雨苍（沧）桑　章丘人杰地灵

孟宪杰题

正面下部碑文：

公元1994年6月19日，市长孟宪杰率政府要员十余人，由镇、村负责人陪同，亲临锦屏山巡视，会商建设通讯微波站一事。时值风和日丽，峰峦滴翠，百鸟争鸣，众皆赞叹不已。孟市长兴致勃勃，豁然挥毫题词以畅其怀。并亲自为机站定位，旨意年内实现水、电、路三通，修复部分文物古迹。至此锦屏山声誉大震，可谓开发之新纪元。锦屏山乃岱脉奇峰，历代皆有典籍，惜哉年远失修，有损昔日盛况，铸成一大憾事，尤待开发，民思久矣。今日得兴壮举应时，万众莫不欣喜，奔走相告，市长题词即令已发，锦屏丰姿指日可待，故刻石以记之。

张福经　撰文

王绅家　书丹

文祖镇三德范经济联社

公元一九九四年六月十九日立

11. 甲戌锦屏独秀碑

锦屏　独秀

甲戌初冬　刘海亭

(四)墓林碑群

1. 韩阳成墓碑

大　清

永言孝思

此山之修始于乾隆二年暮春之初,成于二十二年季秋之日。领袖者有陈公、靳公等诸君子。披荆棘辟蚕丛者,吾师韩道人讳阳成也。迨二十三年,岁在戊寅,而吾师乘鹤化去矣,寿六十岁。等不忍其功德,谨立碣以志不朽。

故仙师羽化韩讳阳成之墓

徒　齐来随　刘来广

　　朱泽润　胡泽芳

徒孙　刘复丹　同立

大清乾隆二十四年岁次己卯孟秋吉旦

2. 刘来广墓碑

春露秋霜

方外要道,亦切近真实。若立念不跨,操心不固,为功不久,虽谈玄说妙,如蒸沙做饭耳。吾师刘上人,洵无愧于其继阳成韩师祖筑本于此山也。澄心了道,笃志殷勤,且精于石工,劳于力作,凡庙中之檐砌阶级,偏侧之门径墙宇,无非其精勤整理,历久不衰。自羽化之后,历有年所,而手泽常留,与岳并永。吾徒思之慕之,爰勒石以志不朽云。

故仙师讳来广号寒宫刘真人之墓

徒　孙复仁　张复全

　　刘复丹　王复昌

　　孙复祥　刘复秀

　　(余略)

乾隆五十六年九月吉旦

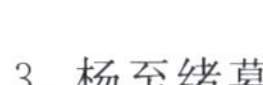

3. 杨至绪墓

大　清

真人自髫令入山，尔时其师祖师父在上，真人不过竭力耕田供职而已，初无大异于人也。即而其师祖师父羽化，真人撑持山务，凡前人未竟之绪则踵事而增华，后事宜垂之统，则夙图而预维。至山之旧者新之，缺者补之。暇日课徒，则愚者砭之，顽者订之。晋接涉历，则老者敬之，幼者抚之。举凡关乎山者，真人系焦心劳虑拮据，以图方期。寿享期颐斯山大为整理，不意天夺之速，竟于光绪三十四年四月十四日卯时乘鹤上升。意恐年远无稽，故略志其巅末，以昭示后世云尔。

大法师讳至绪杨真人之墓

奉祀徒　朱理训　任理柏

　　　　朱理忠　张理注

　　　　张理池　孙理度

　　　　（余略）

大清宣统元年冬十一月下浣吉立

二、三德范现存各家族谱所载“乡贤”一览表

族谱	姓　名	生卒年	族谱记事
《张氏族谱》	张朝端	不详	职授登仕郎
	张　镛	不详	道光四年入县庠
	张永忻	不详	职授登仕郎
	张永芳	不详	职授登仕郎
	张永温	不详	职授宣德郎奎文阁典籍
	张　钞	不详	职授宣德郎诗礼堂启事
	张绍传	不详	
	张　镩	不详	职授宣德郎、奎文阁典籍
	张仁传	不详	国子监太学生
	张兆猷	不详	奎文阁典籍

续表

族谱	姓　名	生卒年	族谱记事
《王氏族谱》	王登可	不详	邑庠生
	王景楷	不详	武庠生
《牛氏族谱》（迁入后）	牛　忠	不详	从九品
	牛进勇	不详	吏员
	牛长青	不详	监生
《单氏族谱》	单起瑞	不详	勒授登仕郎，邑庠生
	单起祥	不详	例赠登仕佐郎
《齐氏族谱》	齐　藻	不详	吏员

三、重要民俗资料提供者简介

张福经，男，1941 年生，三德范西村人，中共党员。长期担任三德范办事处党总支书记，经济联合社党总支书记、社长。主持了 20 世纪 60 年代末至 1998 年村庄的全面工作。退休后主编《三德范庄志》。

赵介平，男，1949 年生，大专文化，三德范南村人。先后在三德范小学、中学任教，1991 年被评为“济南市优秀教师”。近年来成为辛庄巷扮玩的主要参与者，深度参与了三德范传统文化的挖掘、整理工作。

刘绪刚，男，1950 年生，三德范东村人，中共党员。1966～1970 年在生产大队做治安工作，1971 年参军入伍。1975 年退伍后回大队任民兵连长。1997～2002 年任东村村主任。

冯兰贵，男，1935 年生，三德范金家巷村民，农业户口，曾长期下井作业。

冯昭宝，男，1959 年生，三德范西道巷村民，长期担任经济联合社干部。

张烈才，男，1969 年生，三德范张家巷村民，农民，喜读儒家经典著作，擅写“舒体字”，石刻、国画、木雕皆通。近年来主讲本村“儒家讲堂”，多次在中央电视台、山东电视台出镜，参与了三德范村的形象宣传、推广工作。

宋广艺，男，1947 年生，三德范辛庄巷村民，农民，擅长快书、单口相声，

懂文物收藏。

宋凯峰，男，1980 年生，三德范西道巷扮玩“领头的”，乡镇工作人员，擅长葫芦雕刻，喜爱民间文艺创作。

李景兴，男，1945 年生，三德范张家巷扮玩“领头的”。

张烈民，男，1951 年生，三德范张家巷扮玩“领头的”。

陈叔平，男，1970 年生，三德范齐家巷村民，熟悉周边及本村概况。

单象厚，男，1932 年生，三德范单家巷村民，历任初级社“新胜”社长、生产队长。

张江，男，1972 年生，三德范西村人，大学文化，中共党员。1996～2002 年任文祖镇团委书记，2002 年 3 月任文祖办事处主任。现任三德范管理区主任、党总支书记，三德范村经济联合社社长、党总支书记。近年来着力主持了三德范村的经济建设和传统文化挖掘、整理、保护、开发与弘扬的全面工作。

参考文献

钟运泰纂修:康熙《章丘县志》,清康熙三十年(1691 年)刻本。

(清)杨学渊编:《章丘县乡土志》,清光绪三十三年(1907 年)刻本。

张育曾、刘敬之编:《山东政俗视察记》,山东印刷局,1934 年。

黄宗智:《华北的小农经济与社会变迁》,中华书局 1986 年版。

张守富等主编:《山东省志·民政志》,山东人民出版社 1992 年版。

费孝通:《江村经济——中国农民的生活》,商务印书馆 2001 年版。

张士闪:《乡民艺术的文化解读——鲁中四村考察》,山东人民出版社 2005 年版。

王杰文:《仪式、歌舞与文化展演:陕北·晋西的“伞头秧歌”研究》,中国传媒大学出版社 2006 年版。

张福经主编:《三德范庄志》,中国文化出版社 2006 年版。

刘德增:《闯关东:2500 万山东移民的历史与传说》,山东人民出版社 2008 年版。

张士闪、耿波:《中国艺术民俗学》,山东人民出版社 2008 年版。

刘宗迪:《古典的草根》,三联书店 2010 年版。

秦若轼主编:《济南市水利志(1986～2005)》,济南出版社 2011 年版。

费孝通:《乡土中国　生育制度　乡土重建》,商务印书馆 2011 年版。

赵兴林主编:《守望文祖》,黄河出版社 2013 年版。

周巍峙主编:《中国节日志·春节》,光明日报出版社 2014 年版。

刘德龙主编:《山东省志·民俗志》,山东人民出版社 2015 年版。

梁漱溟:《乡村建设理论》,商务印书馆 2015 年版。

[英]麦嘉胡:《中国人的生活方式》,秦传安译,电子工业出版社 2015 年版。

政协章丘县文史资料研究委员会编:《章丘文史资料》第 1～13 辑。

后记

孩子
在土里洗澡
爸爸
在土里流汗
爷爷
在土里埋葬

——臧克家《三代》

在很大程度上，现代民俗学因袭了英国社会人类学家马林诺夫斯基的一套田野作业的范式。例如：熟悉当地人的语言；参与观察；与“他者”相处的时间在一年以上；等等。在严肃的人类学者和民俗学家看来，无法达到上述要求的研究都难以称得上“严肃”和“规范”。此外，很多学者还要求与参与观察的对象保持一定的心理距离，理想的境界是“入乎其内，出乎其外”。唯其如此，才能最大限度地做到不违背田野调查的伦理原则。

遗憾的是，尽管按照人类学家的标准，我在三德范村前后生活、居住了将近两年时间，甚至在不知不觉之间，已经习惯了用“三德范村的荣誉村民”这个头衔来介绍自己，但平心而论，三德范之于我仍是一本篇帙浩繁、内容广博、分类细密的大书。一直到今天，我仍不能自信熟悉了它的每一个知识板块。恰恰相反，自己翻看的越多，阅读的时间越长，反而越惴惴不安地怀疑自己的判断失之偏颇。

此外，从我的田野经历来看，田野实践不存在理想意义上所谓的主体间的完全平等，越是融入乡民们的生活，在彼此互动过程中的意外收获就

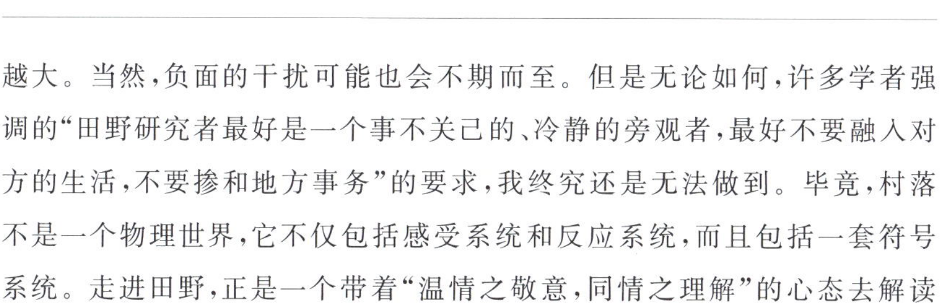

越大。当然，负面的干扰可能也会不期而至。但是无论如何，许多学者强调的“田野研究者最好是一个事不关己的、冷静的旁观者，最好不要融入对方的生活，不要掺和地方事务”的要求，我终究还是无法做到。毕竟，村落不是一个物理世界，它不仅包括感受系统和反应系统，而且包括一套符号系统。走进田野，正是一个带着“温情之敬意，同情之理解”的心态去解读这个符号系统的情感过程。

就这样，很多个太阳下山的晴晚，我爬上锦屏山下的高坡向三德范村远眺。在晚霞的余光里，整个村落高低起伏，南北纵横，静静地沿着巴漏河偃伏在浅浅的山谷里。我看到过炊烟升起，也看到过云雀翔集，还看到过老人牵着孙辈的小手扛着锄头到谷子地里拾掇杂草。我深信，这个叫作“三德范”的村落是“吾土吾民”，是我们的“乡土中国”，更是我们每一个中国人寻找“乡愁”的地方。

三德范村是一本百科全书，因此在写作中我时常感受到自己“用管窥天，用锥指地”的愚钝浅陋。舛误之处，衷心希望能够得到读者的批评、指正。

朱振华

2017 年 10 月 1 日于绣源河畔

图书在版编目(CIP)数据

三德范村/朱振华著. —济南:山东大学出版社,2017.12
(山东村落田野研究丛书/张士闪,李松总主编)
ISBN 978-7-5607-5922-7

Ⅰ. ①三… Ⅱ. ①朱… Ⅲ. ①村史—济南
Ⅳ. ①K295.25

中国版本图书馆 CIP 数据核字(2017)第 328718 号

责任策划:傅 侃
责任编辑:王立强
装帧设计:牛 钧

出版发行:山东大学出版社
社 址 山东省济南市山大南路 20 号
邮 编 250100
电 话 市场部(0531)88363008
经 销:山东省新华书店
印 刷:山东华鑫天成印刷有限公司
规 格:720 毫米×1000 毫米 1/16
12 印张 177 千字
版 次:2017 年 12 月第 1 版
印 次:2017 年 12 月第 1 次印刷
定 价:40.00 元